Del socialismo utópico al socialismo científico

Del socialismo utópico al socialismo científico

Federico Engels

ocean
sur

7
SEVEN STORIES

New York • Oakland • London

Seven Stories Press/Ocean Sur
140 Watts Street
New York, NY 10013
www.sevenstories.com

ISBN: 978-1-921700-70-5
Library of Congress Control Number: 2012941587

Índice

Nota editorial   1

Prólogo a la edición inglesa de 1892   5

Del socialismo utópico al socialismo científico
    I   37
    II   54
    III   65

Notas   93

Nota editorial

El pequeño folleto que presentamos es un ejemplo de la proverbial capacidad de Federico Engels para escribir una obra maestra como quien realiza un simple empeño divulgativo o de síntesis de un libro mayor.

En este caso se trata de un arreglo de varios capítulos de la famosa obra *La subversión de la ciencia por el señor Eugen Dühring* —conocida como *Anti Dühring*. El propio autor se ocupa de explicarlo en el prólogo a la edición inglesa de 1892 de este folleto.

Del socialismo utópico al socialismo científico es un buen libro para iniciarse en el estudio del marxismo, en él está la esencia revolucionaria, clara, culta, jovial y profundamente didáctica de su creador y de la filosofía que defiende.

Si alguien conserva el tan propagado prejuicio antimarxista de que las obras de Marx, Engels o Lenin son aburridas, podría librarse de él con la lectura, que ya anunciamos apasionante, de este minúsculo libro.

Las ciencias sociales de hoy, sobre todo las marxistas, tienen mucho que aprender de la ya antigua vocación de los clásicos de concreción, amenidad y contundencia conceptual, así como de utilización de un arsenal humanístico que, en el caso de Engels, roza con la erudición científica.

Otra de las características del autor de este hermoso folleto, es su sentido del humor, que le permite probar sus más radicales tesis no siempre con severos argumentos, de entrecejo fruncido, sino con símiles o metáforas traídas con placidez de cualquier ámbito de la cultura universal.

En este pequeño libro, que ha gozado de enorme difusión —el mismo Engels comenta que ni *El capital* había sido tan traducido y editado— se nos adentra inesperadamente en una fugaz y esclarecedora historia del capitalismo, del estado de la ciencia a fines del siglo XIX, de la esencia del socialismo anterior a la concepción materialista de la historia y de la naturaleza revolucionaria del marxismo.

Se podría hacer una antología de obras atractivas y de inquietante sencillez, escritas por Federico Engels: *El papel del trabajo en la transformación del mono en hombre*, la «Introducción» a la *Dialéctica de la naturaleza* y la que en esta presentación recomendamos.

Cualquiera de los títulos mencionados antes reúne las siguientes características: un método dialéctico que podría ser ejemplo de la dialéctica misma en el pensamiento humano. Es decir, que si no entendemos la explicación que Engels hace de la dialéctica, finalmente la manera en que estudia los acontecimientos de la naturaleza, la sociedad y el pensamiento humano, logrará el mismo efecto.

Otro rasgo de la obra que prologamos, y de todas las citadas es su didáctica, suerte de fantasma del que quieren huir todos los profundos y muchas veces incomprensibles científicos de hoy. Decir que alguien ha sido didáctico fuera del mundo académico docente, se ha convertido en una especie de ofensa profesional.

La cuestión se encuentra, según nuestra opinión, en que la ciencia que Marx y Engels hacían no era un mero regodeo intelectual para ser consumido por elegidos previamente convencidos de todas las novedosas hipótesis del expositor, sino explicación científica de las causas de los procesos históricos que debían desencadenar la revolución proletaria.

En esta misma obra Engels reafirma que el socialismo científico lo es precisamente porque no parte de verdades absolutas, razón absoluta, ni idea absoluta, como tampoco de nociones inamovibles de la justicia y la libertad humanas, sino de un análisis dialéctico de la historia que termina inevitablemente en la comprensión del papel determinante de los factores socioeconómicos en los cambios sociales y la lucha de clases.

La llamada base económica de la sociedad y su desarrollo desde la aparición de los primeros estados se transforma según leyes que permiten la aparición del capitalismo, explicado medularmente como una máquina de opresión y explotación, solo en la obra de Carlos Marx.

El socialismo científico estaría compuesto por la teoría sobre la plusvalía como sangre del capitalismo y por la comprensión materialista de la historia como explicación de los acontecimientos de la sociedad humana sobre la base de criterios no meramente espirituales sino en última instancia socioeconómicos.

Volviendo a las características sobresalientes de este libro, podríamos subrayar su utilidad educativa, de divulgación y convocatoria ideológica revolucionaria. Si el marxismo se enseñara mediante el comentario y lectura crítica de obras como esta, podríamos esperar una proliferación del espíritu revolucionario, lógico, analítico, dialéctico y en fin, socialista, que ya se nos hace urgente.

Para saber rápidamente cuál es la diferencia entre los socialismos que interpretaban la historia sin tomar en cuenta concatenaciones, más allá de las provenientes de las inspiraciones filosóficas, políticas e ideológicas, que percibían los hechos trascendentales desde puntos de vista unilaterales, casi siempre enaltecedores de los papeles individuales de los guías históricos, y el socialismo científico y su método dialéctico de apropiación de la realidad, sería aconsejable comenzar con la lectura de este folleto.

Sin hacer ni un solo rodeo para plantear su objetivo científico y político, Federico Engels nos deja con *Del socialismo utópico al socialismo científico* otra obra maestra de la concisión teórica puesta al servicio de los próximos quehaceres prácticos.

La revolución proletaria llegó después de la vida de sus anunciadores, y en buena medida, propiciadores espirituales. No triunfó en la Alemania desarrollada que Engels creyó casi preparada, ni en la Inglaterra convertida en superpotencia colonial, sino en la insospechada Rusia de los zares. Al cabo, el Estado no fue suprimido sino consagrado en nombre de la revolución y el pueblo. El contenido científico del socialismo ha sufrido derrumbes de entrañables pilares pero las paredes de carga que sostienen su estructura central siguen tan firmes como antes. De esta firmeza nos aseguramos cuando leemos un libro como este.

Los editores

Prólogo a la edición inglesa de 1892[1]

El pequeño trabajo que tiene delante el lector, formaba parte, en sus orígenes, de una obra mayor. Hacia 1875, el Dr. E. Dühring, *privat-docent* en la Universidad de Berlín, anunció de pronto y con bastante estrépito su conversión al socialismo y presentó al público alemán, no solo una teoría socialista detalladamente elaborada, sino también un plan práctico completo para la reorganización de la sociedad. Se abalanzó, naturalmente, sobre sus predecesores, honrando particularmente a Marx, sobre quien derramó las copas llenas de su ira.

Esto ocurría por los tiempos en que las dos secciones del Partido Socialista Alemán —los eisenachianos y los lassalleanos—[2] acababan de fusionarse, adquiriendo este así, no solo un inmenso incremento de fuerza, sino algo que importaba todavía más: la posibilidad de desplegar toda esta fuerza contra el enemigo común. El Partido Socialista Alemán se iba convirtiendo rápidamente en una potencia. Pero, para convertirlo en una potencia, la condición primordial era no poner en peligro la unidad recién conquistada. Y el Dr. Dühring se aprestaba públicamente a formar en torno a su persona una secta, el núcleo de un partido futuro aparte. No había, pues, más remedio que recoger el guante que se nos lanzaba y dar la batalla, por muy poco agradable que ello nos fuese.

Por cierto, la cosa, aunque no muy difícil, había de ser, evidentemente, harto pesada. Es bien sabido que nosotros, los alemanes, tenemos una terrible y poderosa *Gründlichkeit*, un cavilar profundo o una caviladora profundidad, como se le quiera llamar. En cuanto uno de nosotros expone algo que reputa una nueva doctrina, lo primero que hace es elaborarla en forma de un sistema universal. Tiene que demostrar que lo mismo los primeros principios de la lógica que las leyes fundamentales del Universo, no han existido desde toda una eternidad con otro designio que el de llevar, al fin y a la postre, hasta esta teoría recién descubierta, que viene a coronar todo lo existente. En este respecto, el Dr. Dühring estaba cortado en absoluto por el patrón nacional. Nada menos que *un sistema completo de la filosofía* —filosofía intelectual, moral, natural y de la Historia—, un *sistema completo de economía política y de socialismo* y, finalmente, una *Historia crítica de la Economía Política* —tres gordos volúmenes en octavo, pesados por fuera y por dentro, tres cuerpos de ejército de argumentos, movilizados contra todos los filósofos y economistas precedentes en general y contra Marx en particular—; en realidad, un intento de completa «subversión de la ciencia». Tuve que vérmelas con todo eso; tuve que tratar todos los temas posibles, desde las ideas sobre el tiempo y el espacio hasta el bimetalismo,[3] desde la eternidad de la materia y el movimiento hasta la naturaleza perecedera de las ideas morales; desde la selección natural de Darwin hasta la educación de la juventud en una sociedad futura. Cierto es que la sistemática universalidad de mi contrincante me brindaba ocasión para desarrollar frente a él, en una forma más coherente de lo que hasta entonces se había hecho, las ideas mantenidas por Marx y por mí acerca de tan grande variedad de materias. Y esta fue la razón principal que me movió a acometer esta tarea, por lo demás tan ingrata.

Mi réplica vio la luz, primero, en una serie de artículos publicados en el *Vorwärts*[4] de Leipzig, órgano central del Partido Socialista, y, más tarde, en forma de libro, con el título de *Herr Eugen Dühring Umwälzung der Wissenschaft* (*La subversión de la ciencia por el señor Eugen Dühring*), del que en 1886 se publicó en Zurich una segunda edición.

A instancias de mi amigo Paul Lafargue, actual representante de Lille en la Cámara de los diputados de Francia, arreglé tres capítulos de este libro para un folleto, que él tradujo y publicó en 1880 con el título de *Socialisme utopique et socialisme scientifique*. De este texto francés se hicieron una versión polaca y otra española. En 1883 nuestros amigos de Alemania publicaron el folleto en su idioma original. Desde entonces, se han publicado, sobre la base del texto alemán, traducciones al italiano, al ruso, al danés, al holandés y al rumano. Es decir, que, contando la actual edición inglesa, este folleto se halla difundido en 10 lenguas. No sé de ninguna otra publicación socialista, incluyendo nuestro *Manifiesto del Partido Comunista*[5] de 1848 y *El capital* de Marx, que haya sido traducida tantas veces. En Alemania se han hecho cuatro ediciones, con una tirada total de unos 20 mil ejemplares.

El apéndice «La Marca»[6] fue escrito con el propósito de difundir entre el Partido Socialista Alemán algunas nociones elementales respecto a la historia y al desarrollo de la propiedad rural en Alemania. En aquel entonces era tanto más necesario cuanto que la incorporación de los obreros urbanos al partido estaba en vía de concluirse y se planteaba la tarea de ocuparse de las masas de obreros agrícolas y de los campesinos. Este apéndice fue incluido en la edición, teniendo en cuenta la circunstancia de que las formas primitivas de posesión de la tierra, comunes a todas las tribus teutónicas, así como la historia de su decadencia, son menos conocidas todavía en Inglaterra que en Alemania. He dejado el texto en su forma original, sin aludir a la hipótesis recientemente expuesta por Maxim Kovalevski, según la cual al reparto de las tierras de cultivo y de pastoreo entre los miembros de la Marca precedió el cultivo en común de estas tierras por una gran comunidad familiar patriarcal, que abarcó a varias generaciones (de ejemplo puede servir la *zádruga* de los sudeslavos, que aún existe hoy día). Luego, cuando la comunidad creció y se hizo demasiado numerosa para administrar en común la economía, tuvo lugar el reparto de la tierra.[7] Es probable que Kovalevski tenga razón, pero el asunto se encuentra aún *sub judice*.[8]

Los términos de economía empleados en este trabajo coinciden, en tanto que son nuevos, con los de la edición inglesa de *El capital* de Marx. Designamos como «producción mercantil» aquella fase económica en que los objetos no se producen solamente para el uso del productor, sino también para los fines del cambio, es decir, *como mercancías*, y no como valores de uso. Esta fase va desde los albores de la producción para el cambio hasta los tipos presentes; pero solo alcanza su pleno desarrollo bajo la producción capitalista, es decir, bajo las condiciones en que el capitalista, propietario de los medios de producción, emplea, a cambio de un salario, a obreros, a hombres despojados de todo medio de producción, salvo su propia fuerza de trabajo, y se embolsa el excedente del precio de venta de los productos sobre su coste de producción. Dividimos la historia de la producción industrial desde la Edad Media en tres períodos: 1) industria artesana, pequeños maestros artesanos con unos cuantos oficiales y aprendices, en que cada obrero elabora el artículo completo; 2) manufactura, en que se congrega en un amplio establecimiento un número más considerable de obreros, elaborándose el artículo completo con arreglo al principio de la división del trabajo, donde cada obrero solo ejecuta una operación parcial, de tal modo que el producto está acabado solo cuando ha pasado sucesivamente por las manos de todos; 3) moderna industria, en que el producto se fabrica mediante la máquina movida por la fuerza motriz y el trabajo del obrero se limita a vigilar y rectificar las operaciones del mecanismo.

Sé muy bien que el contenido de este libro indignará a gran parte del público británico. Pero si nosotros, los continentales, hubiésemos guardado la menor consideración a los prejuicios de la «respetabilidad» británica, es decir, del filisteísmo británico, habríamos salido todavía peor parados de lo que hemos salido. Esta obra defiende lo que nosotros llamamos el «materialismo histórico», y en los oídos de la inmensa mayoría de los lectores británicos la palabra materialismo es una palabra muy malsonante. «Agnosticismo» aún podría pasar, pero materialismo es de todo punto inadmisible.

Y sin embargo, la patria primitiva de todo el materialismo moderno, a partir del siglo XVII, es Inglaterra.

El materialismo es hijo nativo de la Gran Bretaña. Ya el escolástico británico Duns Escoto se preguntaba si la materia no podría pensar.

Para realizar este milagro, iba a refugiarse en la omnipotencia divina, es decir, obligaba a la propia teología a predicar el materialismo. Duns Escoto era, además, nominalista. El nominalismo[9] aparece como elemento primordial en los materialistas ingleses y es, en general, la expresión primera del materialismo.

El verdadero padre del materialismo inglés es Bacon. Para él, las ciencias naturales son la verdadera ciencia, y la física experimental, la parte más importante de las ciencias naturales. Anaxágoras con sus homoiomerias[10] y Demócrito con sus átomos son las autoridades que cita con frecuencia. Según su teoría, los sentidos son infalibles y constituyen la fuente de todos los conocimientos. Toda ciencia se basa en la experiencia y consiste en aplicar un método racional de investigación a lo dado por los sentidos. La inducción, el análisis, la comparación, la observación, la experimentación son las condiciones fundamentales de este método racional. Entre las propiedades inherentes a la materia, la primera y más importante es el movimiento, concebido no solo como movimiento mecánico y matemático, sino más aún como impulso, como espíritu vital, como tensión, como *Qual*[11] —para emplear la expresión de Jakob Böhme— de la materia.

Las formas primitivas de la última son fuerzas sustanciales vivas, individualizantes, a ella inherentes, las fuerzas que producen las diferencias específicas.

En Bacon, como su primer creador, el materialismo guarda todavía de un modo ingenuo los gérmenes de un desarrollo multilateral. La materia sonríe con un destello poéticamente sensorial a todo el hombre. En cambio, la doctrina aforística es todavía de por sí un hervidero de inconsecuencias teológicas.

En su desarrollo ulterior, el materialismo se hace unilateral. Hobbes sistematiza el materialismo de Bacon. La sensoriedad pierde su brillo y se convierte en la sensoriedad abstracta del geómetra. El movimiento físico se sacrifica al movimiento mecánico o matemático, la geometría es proclamada como la ciencia fundamental. El materialismo se hace misántropo. Para poder dar la batalla en su propio terreno al espíritu misantrópico y descarnado, el materialismo se ve obligado también a flagelar su carne y convertirse en asceta. Se presenta como una entidad intelectual, pero desarrolla también la lógica despiadada del intelecto.

Si los sentidos suministran al hombre todos los conocimientos —argumenta Hobbes partiendo de Bacon—, los conceptos, las ideas, las representaciones mentales, etcétera, no son más que fantasmas del mundo físico, más o menos despojado de su forma sensorial. La ciencia no puede hacer más que dar nombres a estos fantasmas. Un nombre puede ponérsele a varios fantasmas. Puede incluso haber nombres de nombres. Pero sería una contradicción querer, de una parte, buscar el origen de todas las ideas en el mundo de los sentidos, y, de otra parte, afirmar que una palabra es algo más que una palabra, que además de los seres siempre individuales que nos representamos, existen seres universales. Una sustancia incorpórea es el mismo contrasentido que un cuerpo incorpóreo. Cuerpo, ser, sustancia, es una y la misma idea real. *No se puede separar el pensamiento de la materia que piensa.* Es ella el sujeto de todos los cambios. La palabra «infinito» carece de sentido, si no es como expresión de la capacidad de nuestro espíritu para añadir sin fin. Como solo lo material es perceptible, susceptible de ser sabido, nada se sabe de la existencia de Dios. Solo mi propia existencia es segura. Toda pasión humana es movimiento mecánico que termina o empieza. Los objetos de los impulsos son el bien. El hombre se halla sujeto a las mismas leyes que la naturaleza. El poder y la libertad son cosas idénticas.

Hobbes sistematizó a Bacon, pero sin aportar nuevas pruebas en favor de su principio fundamental: el de que los conocimientos y las ideas tienen su origen en el mundo de los sentidos.

Locke, en su obra *Essay on Human Understanding* (*Ensayo sobre el entendimiento humano*), fundamenta el principio de Bacon y Hobbes.

Del mismo modo que Hobbes destruyó los prejuicios teísticos del materialismo baconiano, Collins, Dodwell, Coward, Hartley, Priestley, etcétera, derribaron la última barrera teológica del sensualismo de Locke. El deísmo[12] no es, por lo menos para los materialistas, más que un modo cómodo y fácil de deshacerse de la religión.[13]

Así se expresaba Carlos Marx hablando de los orígenes británicos del materialismo moderno. Y si a los ingleses de hoy día no les hace mucha gracia este homenaje que Marx rinde a sus antepasados, lo sentimos por ellos. Pero es innegable, a pesar de todo, que Bacon, Hobbes y Locke fueron los padres de aquella brillante escuela de materialistas franceses que, pese a todas las derrotas que los alemanes y los ingleses infligieron por mar y por tierra a Francia, hicieron del siglo XVIII un siglo eminentemente francés; y esto, mucho antes de aquella revolución francesa que coronó el final del siglo y cuyos resultados todavía hoy nos estamos esforzando nosotros por aclimatar en Inglaterra y en Alemania. No puede negarse. Si a mediados del siglo un extranjero culto se instalaba en Inglaterra, lo que más le sorprendía era la beatería y la estupidez religiosa —así tenía que considerarla él— de la «respetable» clase media inglesa. Por aquel entonces, todos nosotros éramos materialistas, o, por lo menos, librepensadores muy avanzados, y nos parecía inconcebible que casi todos los hombres cultos de Inglaterra creyesen en una serie de milagros imposibles, y que hasta geólogos como Buckland y Mantell tergiversasen los hechos de su ciencia, para no dar demasiado en la cara a los mitos del Génesis; inconcebible que, para encontrar a gente que se atreviese a

servirse de su inteligencia en materias religiosas, hubiese que
ir a los sectores no ilustrados, a las «hordas de los que no se
lavan», como en aquel entonces se decía, a los obreros, y principalmente a los socialistas owenianos.

Pero, de entonces acá, Inglaterra se ha «civilizado». La
Exposición de 1851[14] fue el toque a muerte por el exclusivismo
insular inglés. Inglaterra fue, poco a poco, internacionalizán-
dose en cuanto a la comida y la bebida, en las costumbres y
en las ideas, hasta el punto de que ya desearía yo que ciertas
costumbres inglesas encontrasen en el continente una acogida
tan general como la que han encontrado otros usos continentales en Inglaterra. Lo que puede asegurarse es que la difusión
del aceite para ensalada (que antes de 1851 solo conocía la
aristocracia) fue acompañada de una fatal difusión del escep-
ticismo continental en materias religiosas, habiéndose llegado
hasta el extremo de que el agnosticismo, aunque no se consi-
dere todavía tan elegante como la Iglesia anglicana oficial, está
no obstante, en lo que a la respetabilidad se refiere, casi a la
misma altura que la secta baptista y ocupa, desde luego, un
rango mucho más alto que el Ejército de Salvación.[15] No puedo
por menos de pensar que para muchos que deploran y maldi-
cen con toda su alma estos progresos del descreimiento será
un consuelo saber que estas ideas flamantes no son de origen
extranjero, no circulan con la marca de *made in Germany*, fabri-
cado en Alemania, como tantos otros artículos de uso diario,
sino que tienen, por el contrario, un añejo y venerable origen
inglés y que sus autores británicos de hace doscientos años
iban bastante más allá que sus descendientes de hoy día.

En efecto, ¿qué es el agnosticismo si no un materialismo
vergonzante? La concepción agnóstica de la naturaleza es enteramente materialista. Todo el mundo natural está regido por

leyes y excluye en absoluto toda influencia exterior. Pero nosotros, añade cautamente el agnóstico, no estamos en condiciones
de poder probar o refutar la existencia de un ser supremo fuera
del mundo por nosotros conocido. Esta reserva podía tener su
razón de ser en la época en que Laplace, como Napoleón le pre-
guntase por qué en la *Mécanique Céleste*[16] del gran astrónomo no
se mencionaba siquiera al creador del mundo, contestó con estas
palabras orgullosas: «*Je n'avais pas besoin de cette hypothèse*».[17]
Pero hoy nuestra idea del universo en su desarrollo no deja
el menor lugar ni para un creador ni para un regente del universo; y si quisiéramos admitir la existencia de un ser supremo
puesto al margen de todo el mundo existente, incurriríamos en
una contradicción lógica, y además, me parece, inferiríamos una
ofensa inmerecida a los sentimientos de la gente religiosa.

Nuestro agnóstico reconoce también que todos nuestros
conocimientos descansan en las comunicaciones que recibimos
por medio de nuestros sentidos. Pero, ¿cómo sabemos —añade—
si nuestros sentidos nos transmiten realmente una imagen
exacta de los objetos que percibimos a través de ellos? Y a
continuación nos dice que cuando habla de las cosas o de sus
propiedades, no se refiere, en realidad, a estas cosas ni a sus
propiedades, acerca de las cuales no puede saber nada de
cierto, sino solamente a las impresiones que dejan en sus sentidos. Es, ciertamente, un modo de concebir que parece difícil
rebatir por vía de simple argumentación. Pero los hombres,
antes de argumentar, habían actuado.

«*Im Anfang war die That*».[18] Y la acción humana había
resuelto la dificultad mucho antes de que las cavilaciones
humanas la inventasen. *The proof of the pudding is in the eating.*[19]
Desde el momento en que aplicamos estas cosas, con arreglo a
las cualidades que percibimos en ellas, a nuestro propio uso,

sometemos las percepciones de nuestros sentidos a una prueba infalible en cuanto a su exactitud o falsedad. Si estas percepciones fuesen falsas, lo sería también nuestro juicio acerca de la posibilidad de emplear la cosa de que se trata, y nuestro intento de emplearla tendría que fracasar forzosamente. Pero si conseguimos el fin perseguido, si encontramos que la cosa corresponde a la idea que nos formábamos de ella, que nos da lo que de ella esperábamos al emplearla, tendremos la prueba positiva de que, *dentro de estos límites*, nuestras percepciones acerca de esta cosa y de sus propiedades coinciden con la realidad existente fuera de nosotros. En cambio, si nos encontramos con que hemos dado un golpe en falso, no tardamos generalmente mucho tiempo en descubrir las causas de nuestro error; llegamos a la conclusión de que la percepción en que se basaba nuestra acción era incompleta y superficial, o se hallaba enlazada con los resultados de otras percepciones de un modo no justificado por la realidad de las cosas; es decir, habíamos realizado lo que denominamos un razonamiento defectuoso. Mientras adiestremos y empleemos bien nuestros sentidos y ajustemos nuestro modo de proceder a los límites que trazan las observaciones bien hechas y bien utilizadas, veremos que los resultados de nuestros actos suministran la prueba de la conformidad de nuestras percepciones con la naturaleza objetiva de las cosas percibidas. Ni en un solo caso, según la experiencia que poseemos hasta hoy, nos hemos visto obligados a llegar a la conclusión de que las percepciones sensoriales científicamente controladas originan en nuestro cerebro ideas del mundo exterior que difieren por su naturaleza de la realidad, o de que entre el mundo exterior y las percepciones que nuestros sentidos nos transmiten de él media una incompatibilidad innata.

Pero, al llegar aquí, se presenta el agnóstico neokantiano y nos dice: Sí, podremos tal vez percibir exactamente las propiedades de una cosa, pero nunca aprehender la cosa en sí por medio de ningún proceso sensorial o discursivo. Esta «cosa en sí» cae más allá de nuestras posibilidades de conocimiento. A esto, ya hace mucho tiempo, que ha contestado Hegel: desde el momento en que conocemos todas las propiedades de una cosa, conocemos también la cosa misma; solo queda en pie el hecho de que esta cosa existe fuera de nosotros, y en cuanto nuestros sentidos nos suministraron este hecho, hemos aprehendido hasta el último residuo de la cosa en sí, la famosa e incognoscible *Ding an sich* de Kant. Hoy, solo podemos añadir a eso que, en tiempos de Kant, el conocimiento que se tenía de las cosas naturales era lo bastante fragmentario para poder sospechar detrás de cada una de ellas una misteriosa «cosa en sí». Pero, de entonces acá, estas cosas inaprehensibles han sido aprehendidas, analizadas y, más todavía, reproducidas una tras otra por los gigantescos progresos de la ciencia. Y, desde el momento en que podemos *producir* una cosa, no hay razón ninguna para considerarla incognoscible. Para la química de la primera mitad de nuestro siglo, las sustancias orgánicas eran cosas misteriosas. Hoy, aprendemos ya a fabricarlas una tras otra, a base de los elementos químicos y sin ayuda de procesos orgánicos. La química moderna nos dice que tan pronto como se conoce la constitución química de cualquier cuerpo, este cuerpo puede integrarse a partir de sus elementos. Hoy, estamos todavía lejos de conocer exactamente la constitución de las sustancias orgánicas superiores, los cuerpos albuminoides, pero no hay absolutamente ninguna razón para que no adquiramos, aunque sea dentro de varios siglos, este conocimiento y con ayuda de él podamos fabricar albúmina artificial. Y cuando lo consigamos, habremos conseguido también producir la vida orgánica, pues la vida, desde sus formas más bajas hasta las más altas, no es más que la modalidad normal de existencia de los cuerpos albuminoides. Pero, después de hechas estas reservas formales, nuestro agnóstico habla y obra en un todo como el materialista empedernido, que en el fondo es. Podrá decir: a juzgar por lo que *nosotros* sabemos, la materia y el movimiento o, como ahora se dice, la energía, no pueden crearse ni destruirse, pero no tenemos pruebas de que ambas no hayan sido creadas en algún tiempo remoto y desconocido. Y, si intentáis volver contra él esta confesión en un caso dado, os llamará al orden a toda prisa y os mandará callar. Si *in abstracto* reconoce la posibilidad del espiritualismo, *in concreto* no quiere saber nada de él. Os dirá: por lo que sabemos y podemos saber, no existe creador ni regente del Universo; en lo que a nosotros respecta, la materia y la energía son tan increables como indestructibles; para nosotros, el pensamiento es una forma de la energía, una función del cerebro. Todo lo que nosotros sabemos nos lleva a la conclusión de que el mundo material se halla regido por leyes inmutables, etcétera, etcétera. Por tanto, en la medida en que es un hombre de ciencia, en la medida en que *sabe* algo, el agnóstico es materialista; fuera de los confines de su ciencia, en los campos que no domina, traduce su ignorancia al griego, y la llama agnosticismo.

En todo caso, lo que sí puede asegurarse es que, aunque yo fuese agnóstico, no podría dar a la concepción de la historia esbozada en este librito el nombre de «agnosticismo histórico». Las gentes de sentimientos religiosos se reirían de mí, los agnósticos me preguntarían, indignados, si quería burlarme de ellos. Así pues, confío en que la «respetabilidad» británica, que en alemán se llama filisteísmo, no se enfadará demasiado porque emplee en inglés, como en tantos otros idiomas, el nombre de «materialismo histórico» para designar esa concepción de los derroteros de la historia universal que ve la causa final y la fuerza propulsora decisiva de todos los acontecimientos históricos importantes en el desarrollo económico de la sociedad, en las transformaciones del modo de producción y de cambio, en la consiguiente división de la sociedad en distintas clases y en las luchas de estas clases entre sí.

Se me guardará, tal vez, esta consideración, sobre todo si demuestro que el materialismo histórico puede incluso ser útil para la respetabilidad británica. Ya he aludido al hecho de que, hace 40 ó 50 años, el extranjero culto que se instalaba a vivir en Inglaterra se veía desagradablemente sorprendido por lo que necesariamente tenía que considerar como beatería y mojigatería de la respetable clase media inglesa. Ahora demostraré que la respetable clase media inglesa de aquel tiempo no era, sin embargo, tan estúpida como el extranjero inteligente se figuraba. Sus tendencias religiosas tenían su explicación.

Cuando Europa salió del medioevo, la clase media en ascenso de las ciudades era su elemento revolucionario. La posición reconocida, que se había conquistado dentro del régimen feudal de la Edad Media, era ya demasiado estrecha para su fuerza de expansión. El libre desarrollo de esta clase media, *la burguesía*, no era ya compatible con el sistema feudal; este tenía forzosamente que derrumbarse.

Pero el gran centro internacional del feudalismo era la Iglesia Católica Romana. Ella unía a toda Europa occidental feudalizada, pese a todas sus guerras intestinas, en una gran unidad política, contrapuesta tanto al mundo cismático griego como al mundo mahometano. Rodeó a las instituciones feudales del halo de la consagración divina. También ella había levantado su jerarquía según el modelo feudal, y era, en fin de cuentas, el mayor de todos los señores feudales, pues poseía, por lo menos, la tercera parte de toda la propiedad territorial del mundo católico. Antes de poder dar en cada país y en diversos terrenos la batalla al feudalismo secular había que destruir esta organización central sagrada.

Paso a paso, con el auge de la burguesía, iba produciéndose el gran resurgimiento de la ciencia. Volvían a cultivarse la astronomía, la mecánica, la física, la anatomía, la fisiología. La burguesía necesitaba, para el desarrollo de su producción industrial, una ciencia que investigase las propiedades de los cuerpos físicos y el funcionamiento de las fuerzas naturales. Pero, hasta entonces la ciencia no había sido más que la servidora humilde de la Iglesia, a la que no se le consentía traspasar las fronteras establecidas por la fe; en una palabra, había sido cualquier cosa menos una ciencia. Ahora, la ciencia se rebelaba contra la Iglesia; la burguesía necesitaba a la ciencia y se lanzó con ella a la rebelión.

Aquí no he tocado más que dos de los puntos en que la burguesía en ascenso tenía necesariamente que chocar con la religión establecida; pero esto bastará para probar: primero, que la clase más directamente interesada en la lucha contra el poder de la Iglesia Católica era precisamente la burguesía y, segundo, que por aquel entonces toda lucha contra el feudalismo tenía que vestirse con un ropaje religioso y dirigirse en primera instancia contra la Iglesia. Pero el grito de guerra lanzado por las universidades y los hombres de negocios de las ciudades, tenía inevitablemente que encontrar, como en efecto encontró, una fuerte resonancia entre las masas del campo, entre los campesinos, que en todas partes estaban empeñados en una dura lucha contra sus señores feudales eclesiásticos y seculares, lucha en la que se ventilaba su existencia.

La gran campaña de la burguesía europea contra el feudalismo culminó en tres grandes batallas decisivas.

La primera fue la que llamamos la Reforma protestante alemana. Al grito de rebelión de Lutero contra la Iglesia, respondieron dos insurrecciones políticas; primero, la de la nobleza baja, acaudillada por Franz von Sickingen, en 1523, y luego la gran guerra campesina, en 1525. Ambas fueron aplastadas, a causa, principalmente, de la falta de decisión del partido más interesado en la lucha: la burguesía de las ciudades; falta de decisión cuyas causas no podemos investigar aquí. Desde este instante, la lucha degeneró en una reyerta entre los príncipes locales y el poder central del emperador, trayendo como consecuencia el borrar a Alemania por doscientos años del concierto de las naciones políticamente activas de Europa. Cierto es que la Reforma luterana condujo a una nueva religión; aquella precisamente que necesitaba la monarquía absoluta. Apenas abrazaron el luteranismo, los campesinos del noreste de Alemania se vieron degradados de hombres libres a siervos de la gleba.

Pero, donde Lutero falló, triunfó Calvino. El dogma calvinista cuadraba a los más intrépidos burgueses de la época. Su doctrina de la predestinación era la expresión religiosa del hecho de que en el mundo comercial, en el mundo de la competencia, el éxito o la bancarrota no depende de la actividad o de la aptitud del individuo, sino de circunstancias independientes de él. «Así que no es del que quiere ni del que corre, sino de la misericordia» de fuerzas económicas superiores, pero desconocidas. Y esto era más verdad que nunca en una época de revolución económica, en que todos los viejos centros y caminos comerciales eran desplazados por otros nuevos, en que se abrían al mundo América y la India y en que vacilaban y se venían abajo hasta los artículos económicos de fe más sagrados: los valores del oro y de la plata. Además, el régimen de la Iglesia calvinista era absolutamente democrático y republicano: ¿cómo podían los reinos de este mundo seguir siendo súbditos de los reyes, de los obispos y de los señores feudales donde el reino de Dios se había republicanizado? Si el luteranismo alemán se convirtió en un instrumento sumiso en manos de los pequeños príncipes alemanes, el calvinismo fundó una república en Holanda y fuertes partidos republicanos en Inglaterra y, sobre todo, en Escocia.

En el calvinismo encontró acabada su teoría de lucha la segunda gran insurrección de la burguesía. Esta insurrección se produjo en Inglaterra. La puso en marcha la burguesía de las ciudades, pero fueron los campesinos medios (la *yeomanry*) de los distritos rurales los que arrancaron el triunfo. Cosa singular: en las tres grandes revoluciones burguesas son los campesinos los que suministran las tropas de combate, y ellos también, precisamente, la clase, que, después de alcanzar el triunfo, sale arruinada infaliblemente por las consecuencias económicas de este triunfo. Cien años después de Cromwell, la *yeomanry* de Inglaterra casi había desaparecido. En todo caso, sin la intervención de esta *yeomanry* y del elemento *plebeyo* de las ciudades, la burguesía nunca hubiera podido conducir la lucha hasta su final victorioso ni llevado al cadalso a Carlos I. Para que la burguesía se embolsase aunque solo fueran los frutos del triunfo que estaban bien maduros, fue necesario llevar la revolución bastante más allá de su meta: exactamente como habría de ocurrir en Francia en 1793 y en Alemania en 1848. Parece ser esta, en efecto, una de las leyes que presiden el desarrollo de la sociedad burguesa.

Después de este exceso de actividad revolucionaria, siguió la inevitable reacción que, a su vez, rebasó también el punto en que debía haberse mantenido. Tras una serie de vacilaciones, consiguió fijarse, por fin, el nuevo centro de gravedad, que se convirtió, a su vez, en nuevo punto de arranque. El período grandioso de la historia inglesa, al que los filisteos dan el nombre de «la gran rebelión», y las luchas que le siguieron, alcanzan su remate en el episodio relativamente insignificante de 1689, que los historiadores liberales señalan con el nombre de la «gloriosa revolución».[20]

El nuevo punto de partida fue una transacción entre la burguesía en ascenso y los antiguos grandes terratenientes feudales. Estos, aunque entonces como hoy se les conociese por el nombre de aristocracia estaban ya desde hacía largo tiempo en vías de convertirse en lo que Luis Felipe había de ser mucho después en Francia: en los primeros burgueses de la nación. Para suerte de Inglaterra, los antiguos barones feudales se habían destrozado unos a otros en las guerras de las Dos Rosas.[21] Sus sucesores, aunque descendientes en su mayoría de las mismas antiguas familias, procedían ya de líneas colaterales tan alejadas, que formaban una corporación completamente nueva; sus costumbres y tendencias tenían mucho más de burguesas que de feudales; conocían perfectamente el valor del dinero, y se aplicaron en seguida a aumentar las rentas de sus tierras, arrojando de ellas a cientos de pequeños arrendatarios y sustituyéndolos por rebaños de ovejas. Enrique VIII creó una masa de nuevos *landlords* burgueses, regalando y dilapidando los bienes de la Iglesia; y a idénticos resultados condujeron las confiscaciones de grandes propiedades territoriales, que se prosiguieron sin interrupción hasta fines del siglo XVII, para entregarlas luego a individuos semi o enteramente advenedizos. De aquí que la «aristocracia» inglesa, desde Enrique VII, lejos de oponerse al desarrollo de la producción industrial procurase sacar indirectamente provecho de ella. Además, una parte de los grandes terratenientes se mostró dispuesta en todo momento, por móviles económicos o políticos a colaborar con los caudillos de la burguesía industrial y financiera. La transacción de 1689 no fue, pues, difícil de conseguir. Los trofeos políticos —los cargos, las sinecuras, los grandes sueldos— les fueron respetados a las familias de la aristocracia rural, a condición de que defendiesen cumplidamente los intereses económicos de la clase media financiera, industrial y mercantil. Y estos intereses económicos eran ya, por aquel entonces, bastante poderosos; eran ellos los que trazaban en último término los rumbos de la política nacional. Podría haber rencillas acerca de los detalles, pero la oligarquía aristocrática sabía demasiado bien cuán inseparablemente unida se hallaba su propia prosperidad económica a la de la burguesía industrial y comercial.

A partir de este momento, la burguesía se convirtió en parte integrante, modesta pero reconocida, de las clases dominantes de Inglaterra. Compartía con todas ellas el interés de mantener sojuzgada a la gran masa trabajadora del pueblo. El comerciante o fabricante mismo ocupaba, frente a su dependiente, a sus obreros o a sus criados, la posición del amo, o la posición de su «superior natural», como se decía hasta hace muy poco en Inglaterra. Tenía que estrujarles la mayor cantidad y la mejor calidad de trabajo posible; para conseguirlo, había de educarlos en una conveniente sumisión. Personalmente, era un hombre religioso; su religión le había suministrado la bandera bajo la cual combatió al rey y a los señores; muy pronto, había descubierto también los recursos que esta religión le ofrecía para trabajar los espíritus de sus inferiores naturales y hacerlos sumisos a las órdenes de los amos, que los designios inescrutables de Dios les habían puesto. En una palabra, el burgués inglés participaba ahora en la empresa de sojuzgar a los «estamentos inferiores», a la gran masa productora de la nación, y uno de los medios que se empleaba para ello era la influencia de la religión.

Pero a esto venía a añadirse una nueva circunstancia, que reforzaba las inclinaciones religiosas de la burguesía: la aparición del materialismo en Inglaterra. Esta nueva doctrina no solo hería los píos sentimientos de la clase media, sino que, además, se anunciaba como una filosofía destinada solamente a los sabios y hombres cultos del gran mundo; al contrario de la religión, buena para la gran masa no ilustrada, incluyendo a la burguesía. Con Hobbes, esta doctrina pisó la escena como defensora de las prerrogativas y de la omnipotencia reales e invitó a la monarquía absoluta a atar corto a aquel *puer robustus sed mailitiosus*[22] que era el pueblo. También en los continuadores de Hobbes, en Bolingbroke, en Shaftesbury, etcétera, la nueva forma deística del materialismo seguía siendo una doctrina aristocrática, esotérica y odiada, por tanto, de la burguesía, no solo por ser una herejía religiosa, sino también por sus conexiones políticas antiburguesas. Por eso, frente al materialismo y al deísmo de la aristocracia, las sectas protestantes, que habían suministrado la bandera y los hombres para luchar contra los Estuardo, eran precisamente las que daban el contingente principal de las fuerzas de la clase media progresiva y las que todavía hoy forman la médula del «gran partido liberal».

Entretanto, el materialismo pasó de Inglaterra a Francia donde se encontró con una segunda escuela materialista de filósofos, que habían surgido del cartesianismo,[23] y con la que se refundió. También en Francia seguía siendo al principio una doctrina exclusivamente aristocrática. Pero su carácter revolucionario no tardó en revelarse. Los materialistas franceses no limitaban su crítica simplemente a las materias religiosas, sino que la hacían extensiva a todas las tradiciones científicas y a todas las instituciones políticas de su tiempo; para demostrar la posibilidad de aplicación universal de su teoría, siguieron el camino más corto: la aplicaron audazmente a todos los objetos del saber en la *Encyclopédie*, la obra gigantesca que les valió el nombre de «enciclopedistas». De este modo, el materialismo, bajo una u otra forma —como materialismo declarado o como deísmo—, se convirtió en el credo de toda la juventud culta de Francia; hasta tal punto, que durante la Gran Revolución la teoría creada por los realistas ingleses sirvió de bandera teórica a los republicanos y terroristas franceses, y de ella salió el texto de la *Declaración de los Derechos del Hombre*.[24]

La Gran Revolución francesa fue la tercera insurrección de la burguesía, pero la primera que se despojó totalmente del manto religioso, dando la batalla en el campo político abierto. Y fue también la primera que llevó realmente la batalla hasta la destrucción de uno de los dos combatientes, la aristocracia, y el triunfo completo del otro, la burguesía. En Inglaterra, la continuidad ininterrumpida de las instituciones prerrevolucionarias y post revolucionarias y la transacción sellada entre los grandes terratenientes y los capitalistas, encontraban su expresión en la continuidad de los precedentes judiciales, así como en la respetuosa conservación de las formas legales del feudalismo. En Francia la revolución rompió plenamente con las tradiciones del pasado, barrió los últimos vestigios del feudalismo y creó, con el *Code civil*,[25] una adaptación magistral a las relaciones capitalistas modernas del antiguo Derecho Romano, de aquella expresión casi perfecta de las relaciones jurídicas derivadas de la fase económica que Marx llama la «producción de mercancías»; tan magistral, que este código francés revolucionario sirve todavía hoy en todos los países —sin exceptuar a Inglaterra— de modelo para las reformas del derecho de propiedad. Pero, no por ello debemos perder de vista una cosa. Aunque el derecho inglés continúa expresando las relaciones económicas de la sociedad capitalista en un lenguaje feudal bárbaro, que guarda con la cosa expresada la misma relación que la ortografía con la fonética inglesa —«*vous écrivez Londres et vous prononcez Constantinople*»,[26] decía un francés—, este derecho inglés es el único que ha mantenido indemne a través de los siglos y que ha trasplantado a Norteamérica y a las colonias la mejor parte de aquella libertad personal, aquella autonomía local y aquella salvaguardia contra toda injerencia, fuera de la de los tribunales; en una palabra, aquellas antiguas libertades germánicas que en el continente se habían perdido bajo el régimen de la monarquía absoluta y que hasta ahora no han vuelto a recobrarse íntegramente en ninguna parte.

Pero volvamos a nuestro burgués británico. La Revolución Francesa le brindó una magnífica ocasión para arruinar, con ayuda de las monarquías continentales, el comercio marítimo francés, anexionarse las colonias francesas y reprimir las últimas pretensiones francesas de hacerle la competencia por mar. Fue esta una de las razones de que la combatiese. La segunda razón era que los métodos de esta revolución le hacían muy poca gracia. No ya su «execrable» terrorismo, sino también su intento de implantar el régimen burgués hasta en sus últimas consecuencias. ¿Qué iba a hacer en el mundo el burgués británico sin su aristocracia, que le imbuía maneras (¡y qué maneras!) e inventaba para él modas, que le suministraba la oficialidad para el ejército, salvaguardia del orden dentro del país, y para la marina, conquistadora de nuevos dominios coloniales y de nuevos mercados en el exterior? Cierto es que también había dentro de la burguesía una minoría progresiva, formada por gentes cuyos intereses no habían salido tan bien parados en la transacción, esta minoría, integrada por la clase media de posición más modesta, simpatizaba con la revolución, pero era impotente en el parlamento.

Por tanto, cuanto más se convertía el materialismo en el credo de la revolución francesa, tanto más se aferraba el piadoso burgués británico a su religión. ¿Acaso la época del terror en París no había demostrado lo que ocurre, cuando el pueblo pierde la religión? Conforme se extendía el materialismo de Francia a los países vecinos y recibía el refuerzo de otras corrientes teóricas afines, principalmente el de la filosofía alemana; conforme en el continente ser materialista y librepensador era, en realidad, una cualidad indispensable para ser persona culta, más tenazmente se afirmaba la clase media inglesa en sus diversas confesiones religiosas. Por mucho que variasen las unas de las otras, todas eran confesiones decididamente religiosas, cristianas.

Mientras que la revolución aseguraba el triunfo político de la burguesía en Francia, en Inglaterra Watt, Arkwright, Cartwright y otros iniciaron una revolución industrial, que desplazó completamente el centro de gravedad del poder económico. Ahora, la burguesía se enriquecía mucho más aprisa que la aristocracia terrateniente. Y, dentro de la burguesía misma, la aristocracia financiera, los banqueros, etcétera, iban pasando cada vez más a segundo plano ante los fabricantes. La transacción de 1689, aun con las enmiendas que habían ido introduciéndose poco a poco a favor de la burguesía, ya no correspondía a la posición recíproca de las dos partes interesadas. Había cambiado también el carácter de estas: la burguesía de 1830 difería mucho de la del siglo anterior. El poder político que aún conservaba la aristocracia y que se ponía en acción contra las pretensiones de la nueva burguesía industrial, se hizo incompatible con los nuevos intereses económicos. Se planteaba la necesidad de renovar la lucha contra la aristocracia, y esta lucha solo podía terminar con el triunfo del nuevo poder económico. Bajo el impulso de la revolución francesa de 1830, se impuso en primer término, pese a todas las resistencias, la ley de reforma electoral.[27] Esto dio a la burguesía una posición fuerte y reconocida en el parlamento. Luego, vino la derogación de las leyes cerealistas,[28] que instauró de una vez para siempre el predominio de la burguesía, y sobre todo de su parte más activa, los fabricantes, sobre la aristocracia de la tierra. Fue este el mayor triunfo de la burguesía, pero fue también el último conseguido en su propio y exclusivo interés. Todos sus triunfos posteriores hubo de compartirlos con un nuevo poder social, aliado suyo en un principio, pero luego rival de ella.

La revolución industrial había creado una clase de grandes fabricantes capitalistas, pero había creado también otra, mucho más numerosa, de obreros fabriles. Esta clase crecía constantemente en número, a medida que la revolución industrial se iba adueñando de una rama industrial tras otra. Y con su número, crecía también su fuerza, que se demostró ya en 1824, cuando obligó al parlamento a derogar a regañadientes las leyes contra la libertad de coalición.[29] Durante la campaña de agitación por la reforma electoral, los obreros formaban el ala radical del partido de la reforma; y cuando la ley de 1832 los privó del derecho de sufragio, sintetizaron sus reivindicaciones en la *Carta del Pueblo* (*People's Charter*)[30] y se constituyeron, en oposición al gran partido burgués que combatía las leyes cerealistas,[31] en un partido independiente, el partido cartista, que fue el primer partido obrero de nuestro tiempo.

A continuación, vinieron las revoluciones continentales de febrero y marzo de 1848, en las que los obreros desempeñaron un papel tan importante y en las que plantearon, por lo menos en París, reivindicaciones que eran resueltamente inadmisibles, desde el punto de vista de la sociedad capitalista. Y luego sobrevino la reacción general. Primero, la derrota de los cartistas del 10 de abril de 1848;[32] después, el aplastamiento de la insurrección obrera de París, en junio del mismo año; más tarde, los descalabros de 1849 en Italia, Hungría y el sur de Alemania; y por último, el triunfo de Luis Bonaparte sobre París, el 2 de diciembre de 1851.[33] Con esto, habíase conseguido ahuyentar, por lo menos durante algún tiempo, el espantajo de las reivindicaciones obreras, pero ¡a qué costa! Por tanto, si el burgués británico estaba ya antes convencido de la necesidad de mantener en el pueblo vil el espíritu religioso, ¡con cuánta mayor razón tenía que sentir esa necesidad, después de todas estas experiencias! Por eso, sin hacer el menor caso de las risotadas de burla de sus colegas continentales, continuaba año tras año gastando miles y decenas de miles en la evangelización de los estamentos inferiores. No contento con su propia maquinaria religiosa, se dirigió al Hermano Jonathan,[34] el más grande organizador de negocios religiosos por aquel entonces, e importó de los Estados Unidos el revivalismo,[35] a Moody y Sankey, etcétera; y, por último, aceptó incluso hasta la ayuda peligrosa del Ejército de Salvación, que viene a restaurar los recursos de propaganda del cristianismo primitivo, que se dirige a los pobres como a los elegidos, combatiendo al capitalismo a su manera religiosa y atizando así un elemento de lucha de clases del cristianismo primitivo, que un buen día puede llegar a ser molesto para las gentes ricas que hoy suministran de su bolsillo el dinero para esta propaganda.

Parece ser una ley del desarrollo histórico el que la burguesía no pueda detentar en ningún país de Europa el poder político —al menos, durante largo tiempo—, de la misma manera exclusiva con que pudo hacerlo la aristocracia feudal durante la Edad Media. Hasta en Francia, donde se extirpó tan de raíz el feudalismo, la burguesía, como clase global, solo ejerce todo el poder durante breves períodos de tiempo. Bajo Luis Felipe (1830-1848), solo gobernaba una pequeña parte de la burguesía, pues otra parte mucho más considerable quedaba excluida del sufragio por el elevado censo de fortuna que se exigía para poder votar. Bajo la segunda República (1848-1851), gobernó toda la burguesía, pero solo durante tres años; su incapacidad abrió el camino al Segundo Imperio. Solo ahora, bajo la tercera República,[36] vemos a la burguesía en bloque empuñar el timón por espacio de 20 años, pero en eso revela ya gratos síntomas de decadencia. Hasta ahora, una dominación de la burguesía mantenida durante largos años solo ha sido posible en países como Norteamérica, que nunca conocieron el feudalismo y donde la sociedad se ha construido desde el primer momento sobre una base burguesa. Pero hasta en Francia y en Norteamérica llaman ya a la puerta con recios golpes los sucesores de la burguesía: los obreros.

En Inglaterra, la burguesía no ha ejercido jamás el poder indiviso. Hasta el triunfo de 1832 dejó a la aristocracia en el disfrute casi exclusivo de todos los altos cargos públicos. Yo no acertaba a explicarme la sumisión con que la clase media rica se resignaba a tolerar esto, hasta que un día el gran fabricante liberal Mr. W.A. Forster, en un discurso, suplicó a los jóvenes de Bradford que aprendiesen francés si querían hacer carrera, contando a este propósito el triste papel que había hecho él cuando, siendo ministro, se vio metido de pronto en una sociedad en que el francés era, por lo menos, tan necesario como el inglés. En efecto, los burgueses ingleses de aquel entonces eran, quien más quien menos, unos nuevos ricos sin cultura, que tenían que ceder a la aristocracia, quisieran o no, todos aquellos altos puestos del gobierno que exigían otras dotes que la limitación y la fatuidad insulares, salpimentadas por la astucia para los negocios.[37] Todavía hoy los debates inacabables de la prensa sobre la *middle class education*[38] revelan que la clase media inglesa no se considera aún bastante buena para recibir la mejor educación y busca algo más modesto. Por eso, aun después de la derogación de las leyes cerealistas, se consideró como algo muy natural que los que habían arrancado el triunfo, los Cobden, los Bright, los Forster, etcétera, quedasen privados de toda participación en el gobierno oficial, hasta que por último, veinte años después, una nueva ley de Reforma[39] les abrió las puertas del ministerio. Hasta hoy día está la burguesía inglesa tan profundamente penetrada de un sentimiento de inferioridad social, que sostiene a costa suya y del pueblo una casta decorativa de zánganos que tienen por oficio representar dignamente a la nación en todos los actos solemnes y se considera honradísima cuando se encuentra a un burgués cualquiera reconocido como digno de ingresar en esta corporación selecta y privilegiada, que al fin y al cabo ha sido fabricada por la misma burguesía.

Así pues, la clase media industrial y comercial no había conseguido aún arrojar por completo del poder político a la aristocracia terrateniente, cuando se presentó en escena el nuevo rival: la clase obrera. La reacción que se produjo después del movimiento cartista y las revoluciones continentales, unida a la expansión sin precedentes de la industria inglesa desde 1848 a 1866 (expansión que suele atribuirse solo al librecambio, pero que se debió en mucha mayor parte a la extensión gigantesca de los ferrocarriles, los transatlánticos y los medios de comunicación en general) volvió a poner a los obreros bajo la dependencia de los liberales, cuya ala radical formaban, como en los tiempos anteriores al cartismo. Pero, poco a poco, las exigencias obreras en cuanto al sufragio universal fueron haciéndose irresistibles. Mientras los *whigs*, los caudillos de los liberales, temblaban de miedo, Disraeli demostraba su superioridad; supo aprovechar el momento propicio para los *tories* introduciendo en los distritos electorales urbanos el régimen electoral del *household suffrage*[40] y, en relación con este, una nueva distribución de los distritos electorales.

A esto, siguió poco después el *ballot*,[41] luego, en 1884, el *household suffrage* se hizo extensivo a todos los distritos, incluso a los de condado, y se introdujo una nueva distribución de las circunscripciones electorales, que las nivelaba hasta cierto punto. Todas estas reformas aumentaron de tal modo la fuerza de la clase obrera en las elecciones, que esta representaba ya a la mayoría de los electores en 150 a 200 distritos. ¡Pero no hay mejor escuela de respeto a la tradición que el sistema parlamentario! Si la clase media mira con devoción y veneración al grupo que lord John Manners llama bromeando «nuestra vieja nobleza», la masa de los obreros miraba en aquel tiempo con respeto y acatamiento a la que entonces se llamaba «la clase mejor», la burguesía. En realidad, el obrero británico de hace 15 años era ese obrero modelo cuya consideración respetuosa por la posición de su patrono y cuya timidez y humildad al plantear sus propias reivindicaciones ponían un poco de bálsamo en las heridas que a nuestros socialistas alemanes de cátedra[42] les inferían las incorregibles tendencias comunistas y revolucionarias de los obreros de su país.

Sin embargo, los burgueses ingleses, como buenos hombres de negocios, veían más allá que los profesores alemanes. Solo de mala gana habían compartido el poder con los obreros. Durante el período cartista, habían tenido ocasión de aprender de lo que era capaz el pueblo, ese *puer robustus sed malitiosus*. Desde entonces, habían tenido que aceptar y ver convertida en ley nacional la mayor parte de la *Carta del Pueblo*. Ahora más que nunca, era importante tener al pueblo a raya mediante recursos morales; y el recurso moral primero y más importante con que se podía influenciar a las masas seguía siendo la religión. De aquí la mayoría de puestos otorgados a curas en los organismos escolares y de aquí que la burguesía se imponga a sí misma cada vez más tributos para sostener toda clase de revivalismos, desde el ritualismo[43] hasta el Ejército de Salvación.

Y entonces llegó el triunfo del respetable filisteísmo británico sobre la libertad de pensamiento y la indiferencia en materias religiosas del burgués continental. Los obreros de Francia y Alemania se volvieron rebeldes. Estaban totalmente contaminados de socialismo, y además, por razones muy fuertes, no se preocupaban gran cosa de la legalidad de los medios empleados para conquistar el poder. Aquí, el *puer robustus* se había vuelto realmente cada día más *malitiosus*. Y al burgués francés y alemán no le quedaba más recurso que renunciar tácitamente a seguir siendo librepensador, como esos guapos mozos que cuando se ven acometidos irremediablemente por el mareo, dejan caer el cigarro humeante con que fantocheaban a bordo. Los burlones fueron adoptando uno tras otro, exteriormente, una actitud devota y empezaron a hablar con respeto de la Iglesia, de sus dogmas y ritos, llegando incluso, cuando no había más remedio, a compartir estos últimos. Los burgueses franceses se negaban a comer carne los viernes y los burgueses alemanes se aguantaban, sudando en sus reclinatorios, interminables sermones protestantes. Habían llegado con su materialismo a una situación embarazosa. *Die Religion muss dem Volk erhalten werden* («¡Hay que conservar la religión para el pueblo!»); era el último y único recurso para salvar a la sociedad de su ruina total. Para desgracia suya, no se dieron cuenta de esto hasta que habían hecho todo lo humanamente posible para derrumbar para siempre la religión. Había llegado, pues, el momento en que el burgués británico podía reírse, a su vez, de ellos y gritarles: «¡Ah, necios, eso ya podía habérselo dicho yo hace doscientos años!».

Sin embargo, me temo mucho que ni la estupidez religiosa del burgués británico ni la conversión *post festum*[44] del burgués continental, consigan poner un dique a la creciente marea proletaria. La tradición es una gran fuerza de freno; es la *vis inertiae*[45] de la historia. Pero es una fuerza meramente pasiva; por eso tiene necesariamente que sucumbir. De aquí que tampoco la religión pueda servir a la larga de muralla protectora de la sociedad capitalista. Si nuestras ideas jurídicas, filosóficas y religiosas no son más que los brotes más próximos o más remotos de las condiciones económicas imperantes en una sociedad dada, a la larga estas ideas no pueden mantenerse cuando han cambiado completamente aquellas condiciones. Una de dos: o creemos en una revelación sobrenatural, o tenemos que reconocer que no hay dogma religioso capaz de apuntalar una sociedad que se derrumba.

Y la verdad es que también en Inglaterra comienzan otra vez los obreros a moverse. Indudablemente, el obrero inglés está atado por una serie de tradiciones. Tradiciones burguesas, como la tan extendida creencia de que no pueden existir más que dos partidos, el conservador y el liberal, y de que la clase obrera tiene que valerse del gran partido liberal para laborar por su emancipación. Y tradiciones obreras, heredadas de los tiempos de sus primeros tanteos de actuación independiente, como la eliminación, en numerosas y antiguas tradeuniones, de todos aquellos obreros que no han tenido un determinado tiempo reglamentario de aprendizaje; lo que significa, en rigor, que cada una de estas uniones se crea sus propios esquiroles. Pero, a pesar de todo esto y mucho más, la clase obrera inglesa avanza, como el mismo profesor Brentano se ha visto obligado a comunicar, con harto dolor, a sus hermanos, los socialistas de cátedra. Avanza, como todo en Inglaterra, con paso lento y mesurado, vacilante aquí, y allí mediante tanteos, a veces estériles; avanza a trechos, con una desconfianza excesivamente prudente hacia el nombre de socialismo, pero asimilándose poco a poco la esencia. Avanza, y su avance va comunicándose a una capa obrera tras otra. Ahora, ha sacudido el letargo de los obreros no calificados del East End de Londres, y todos nosotros ya hemos visto qué magnífico empuje han dado, a su vez, a la clase obrera estas nuevas fuerzas. Y si el ritmo del movimiento no es aconsonantado a la impaciencia de unos u otros, no deben olvidar que es precisamente la clase obrera la que mantiene vivos los mejores rasgos del carácter nacional inglés y que en Inglaterra, cuando se da un paso hacia adelante, ya no se pierde jamás. Si los hijos de los viejos cartistas no dieron de sí, por los motivos indicados, todo lo que de ellos se podía esperar, parece que los nietos van a ser dignos de sus abuelos.

Pero, el triunfo de la clase obrera europea no depende solamente de Inglaterra. Este triunfo solo puede asegurarse mediante la cooperación, por lo menos, de Inglaterra, Francia y Alemania. En estos dos últimos países, el movimiento obrero le lleva un buen trecho de delantera al de Inglaterra. En Alemania, se halla incluso a una distancia ya mesurable del triunfo. Los progresos obtenidos aquí desde hace 25 años, no tienen precedente. El movimiento obrero alemán avanza con velocidad acelerada. Y si la burguesía alemana ha dado pruebas de su carencia lamentable de capacidad política, de disciplina, de bravura, de energía y de perseverancia, la clase obrera de Alemania ha demostrado que posee en grado abundante todas estas cualidades. Hace ya casi cuatrocientos años que Alemania fue el punto de arranque del primer gran alzamiento de la clase media de Europa; tal como están hoy las cosas, ¿es descabellado pensar que Alemania vaya a ser también el escenario del primer gran triunfo del proletariado europeo?

20 de abril de 1892[46]
F. Engels

Del socialismo utópico al socialismo científico

I

El socialismo moderno es, en primer término, por su contenido, fruto del reflejo en la inteligencia, por un lado, de los antagonismos de clase que imperan en la moderna sociedad entre poseedores y desposeídos, capitalistas y obreros asalariados, y, por otro lado, de la anarquía que reina en la producción. Pero, por su forma teórica, el socialismo empieza presentándose como una continuación, más desarrollada y más consecuente, de los principios proclamados por los grandes ilustradores franceses del siglo XVIII. Como toda nueva teoría, el socialismo, aunque tuviese sus raíces en los hechos materiales económicos, hubo de empalmar, al nacer, con las ideas existentes.

Los grandes hombres que en Francia ilustraron las cabezas para la revolución que había de desencadenarse, adoptaron ya una actitud resueltamente revolucionaria. No reconocían autoridad exterior de ningún género. La religión, la concepción de la naturaleza, la sociedad, el orden estatal: todo lo sometían a la crítica más despiadada; cuanto existía había de justificar los títulos de su existencia ante el fuero de la razón o renunciar a seguir existiendo. A todo se aplicaba como rasero único la razón pensante. Era la época en que, según Hegel, «el mundo giraba sobre la cabeza»,[1] primero, en el sentido de que la cabeza humana y los principios establecidos por su especulación reclamaban el derecho a ser acatados como base de todos los actos humanos y de toda relación social, y luego también, en el sentido más amplio de que la realidad que no se ajustaba a estas conclusiones se veía subvertida de hecho desde los cimientos hasta el remate. Todas las formas anteriores de sociedad y de Estado, todas las ideas tradicionales, fueron arrinconadas en el desván como irracionales; hasta allí, el mundo se había dejado gobernar por puros prejuicios; todo el pasado no merecía más que conmiseración y desprecio. Solo ahora había apuntado la aurora, el reino de la razón; en adelante, la superstición, la injusticia, el privilegio y la opresión serían desplazados por la verdad eterna, por la eterna justicia, por la igualdad basada en la naturaleza y por los derechos inalienables del hombre.

Hoy sabemos ya que ese reino de la razón no era más que el reino idealizado de la burguesía, que la justicia eterna vino a tomar cuerpo en la justicia burguesa; que la igualdad se redujo a la igualdad burguesa ante la ley; que como uno de los derechos más esenciales del hombre se proclamó la propiedad burguesa; y que el Estado de la razón, el «contrato social» de Rousseau pisó y solamente podía pisar el terreno de la realidad, convertido en república democrática burguesa. Los grandes pensadores del siglo XVIII, como todos sus predecesores, no podían romper las fronteras que su propia época les trazaba.

Pero, junto al antagonismo entre la nobleza feudal y la burguesía, que se erigía en representante de todo el resto de la sociedad, manteníase en pie el antagonismo general entre explotadores y explotados, entre ricos holgazanes y pobres que trabajaban. Y este hecho era precisamente el que permitía a los representantes de la burguesía arrogarse la representación, no de una clase determinada, sino de toda la humanidad doliente. Más aún. Desde el momento mismo en que nació, la burguesía llevaba en sus entrañas a su propia antítesis, pues los capitalistas no pueden existir sin obreros asalariados, y en la misma proporción en que los maestros de los gremios medievales se convertían en burgueses modernos, los oficiales y los jornaleros no agremiados transformábanse en proletarios. Y, si, en términos generales, la burguesía podía arrogarse el derecho a representar, *en sus luchas contra la nobleza*, además de sus intereses, los de las diferentes clases trabajadoras de la época, al lado de todo gran movimiento burgués que se desataba estallaban movimientos independientes de aquella clase que era el precedente más o menos desarrollado del proletariado moderno. Tal fue en la época de la Reforma y de las guerras campesinas en Alemania la tendencia de los anabaptistas[2] y de Tomás Münzer; en la Gran Revolución inglesa, los «levellers»,[3] y en la Gran Revolución Francesa, Babeuf. Y estas sublevaciones revolucionarias de una clase incipiente son acompañadas, a la vez, por las correspondientes manifestaciones teóricas: en los siglos XVI y XVII aparecen las descripciones utópicas de un régimen ideal de la sociedad;[4] en el siglo XVIII, teorías directamente comunistas ya, como las de Morelly y Mably. La reivindicación de la igualdad no se limitaba a los derechos políticos, sino que se extendía a las condiciones sociales de vida de cada individuo; ya no se trataba de abolir tan solo los privilegios de clase, sino de destruir las propias diferencias de clase. Un comunismo ascético, a lo espartano, que prohibía todos los goces de la vida: tal fue la primera forma de manifestarse de la nueva doctrina. Más tarde, vinieron los tres grandes utopistas: Saint-Simon, en quien la tendencia burguesa sigue afirmándose todavía, hasta cierto punto, junto a la tendencia proletaria; Fourier y Owen, quien, en el país donde la producción capitalista estaba más desarrollada y bajo la impresión de los antagonismos engendrados por ella, expuso en forma sistemática una serie de medidas encaminadas a abolir las diferencias de clase, en relación directa con el materialismo francés.

Rasgo común a los tres es el no actuar como representantes de los intereses del proletariado, que entretanto había surgido como un producto de la propia historia. Al igual que los ilustradores franceses, no se proponen emancipar primeramente a una clase determinada, sino, de golpe, a toda la humanidad. Y lo mismo que ellos, pretenden instaurar el reino de la razón y de la justicia eterna. Pero entre su reino y el de los ilustradores franceses media un abismo. También el mundo burgués, instaurado según los principios de estos, es irracional e injusto y merece, por tanto, ser arrinconado entre los trastos inservibles, ni más ni menos que el feudalismo y las formas sociales que le precedieron. Si hasta ahora la verdadera razón y la verdadera justicia no han gobernado el mundo, es, sencillamente, porque nadie ha sabido penetrar debidamente en ellas. Faltaba el hombre genial que ahora se alza ante la humanidad con la verdad, al fin, descubierta. El que ese hombre haya aparecido ahora, y no antes, el que la verdad haya sido, al fin, descubierta ahora y no antes, no es, según ellos, un acontecimiento inevitable, impuesto por la concatenación del desarrollo histórico, sino porque el puro azar lo quiere así. Hubiera podido aparecer 500 años antes ahorrando con ello a la humanidad 500 años de errores, de luchas y de sufrimientos.

Hemos visto cómo los filósofos franceses del siglo XVIII, los precursores de la revolución, apelaban a la razón como único juez de todo lo existente. Se pretendía instaurar un Estado racional, una sociedad ajustada a la razón, y cuanto contradecía a la razón eterna debía ser desechado sin piedad. Y hemos visto también que, en realidad, esa razón eterna no era más que el sentido común idealizado del hombre del estado llano que, precisamente por aquel entonces, se estaba convirtiendo en burgués. Por eso cuando la Revolución Francesa puso en obra esta sociedad racional y este Estado racional, resultó que las nuevas instituciones, por más racionales que fuesen en comparación con las antiguas, distaban bastante de la razón absoluta. El Estado racional había quebrado completamente. El contrato social de Rousseau venía a tomar cuerpo en la época del terror,[5] y la burguesía, perdida la fe en su propia habilidad política, fue a refugiarse, primero, en la corrupción del Directorio[6] y, por último, bajo la égida del despotismo napoleónico. La prometida paz eterna se había trocado en una interminable guerra de conquistas. Tampoco corrió mejor suerte la sociedad de la razón. El antagonismo entre pobres y ricos, lejos de disolverse en el bienestar general, habíase agudizado al desaparecer los privilegios de los gremios y otros, que tendían un puente sobre él, y los establecimientos eclesiásticos de beneficencia, que lo atenuaban. La «libertad de la propiedad» de las trabas feudales, que ahora se convertía en realidad, resultaba ser, para el pequeño burgués y el pequeño campesino, la libertad de vender a esos mismos señores poderosos su pequeña propiedad, agobiada por la arrolladora competencia del gran capital y de la gran propiedad terrateniente; con lo que se convertía en la «libertad» del pequeño burgués y del pequeño campesino *de toda* propiedad. El auge de la industria sobre bases capitalistas convirtió la pobreza y la miseria de las masas trabajadoras en condición de vida de la sociedad. El pago al contado fue convirtiéndose, cada vez en mayor grado, según la expresión de Carlyle, en el único eslabón que enlazaba a la sociedad. La estadística criminal crecía de año en año. Los vicios feudales, que hasta entonces se exhibían impúdicamente a la luz del día, no desaparecieron, pero se recataron, por el momento, un poco al fondo de la escena; en cambio, florecían exuberantemente los vicios burgueses, ocultos hasta allí bajo la superficie. El comercio fue degenerando cada vez más en estafa. La «fraternidad» de la divisa revolucionaria[7] tomó cuerpo en las deslealtades y en la envidia de la lucha de competencia. La opresión violenta cedió el puesto a la corrupción, y la espada, como principal palanca del poder social, fue sustituida por el dinero. El derecho de pernada pasó del señor feudal al fabricante burgués. La prostitución se desarrolló en proporciones hasta entonces inauditas. El matrimonio mismo siguió siendo lo que ya era: la forma reconocida por la ley, el manto oficial con que se cubría la prostitución, complementado además por una gran abundancia de adulterios. En una palabra, comparadas con las brillantes promesas de los ilustradores, las instituciones sociales y políticas instauradas por el «triunfo de la razón» resultaron ser unas tristes y decepcionantes caricaturas. Solo faltaban los hombres que pusieron de relieve el desengaño y que surgieron en los primeros años del siglo XIX. En 1802, vieron la luz las *Cartas ginebrinas* de Saint-Simon; en 1808, publicó Fourier su primera obra, aunque las bases de su teoría databan ya de 1799; el primero de enero de 1800, Robert Owen se hizo cargo de la dirección de la empresa de New Lanark.[8]

Sin embargo, por aquel entonces, el modo capitalista de producción, y con él el antagonismo entre la burguesía y el proletariado, se habían desarrollado todavía muy poco. La gran industria, que en Inglaterra acababa de nacer, era todavía desconocida en Francia. Y solo la gran industria desarrolla, de una parte, los conflictos que transforman en una necesidad imperiosa la subversión del modo de producción y la eliminación de su carácter capitalista —conflictos que estallan no solo entre las clases engendradas por esa gran industria, sino también entre las fuerzas productivas y las formas de cambio por ella creadas— y, de otra parte, desarrolla también en estas gigantescas fuerzas productivas los medios para resolver estos conflictos. Si bien, hacia 1800, los conflictos que brotaban del nuevo orden social apenas empezaban a desarrollarse, estaban mucho menos desarrollados, naturalmente, los medios que habían de conducir a su solución. Si las masas desposeídas de París lograron adueñarse por un momento del poder durante el régimen del terror y con ello llevar al triunfo a la revolución burguesa, incluso en contra de la burguesía, fue solo para demostrar hasta qué punto era imposible mantener por mucho tiempo este poder en las condiciones de la época. El proletariado, que apenas empezaba a destacarse en el seno de estas masas desposeídas, como tronco de una clase nueva, totalmente incapaz todavía para desarrollar una acción política propia, no representaba más que un estamento oprimido, agobiado por toda clase de sufrimientos, incapaz de valerse por sí mismo. La ayuda, en el mejor de los casos, tenía que venirle de fuera, de lo alto.

Esta situación histórica informa también las doctrinas de los fundadores del socialismo. Sus teorías incipientes no hacen más que reflejar el estado incipiente de la producción capitalista, la incipiente condición de clase. Se pretendía sacar de la cabeza la solución de los problemas sociales, latente todavía en las condiciones económicas poco desarrolladas de la época. La sociedad no encerraba más que males, que la razón pensante era la llamada a remediar. Tratábase por eso de descubrir un sistema nuevo y más perfecto de orden social, para implantarlo en la sociedad desde fuera, por medio de la propaganda, y a ser posible, con el ejemplo, mediante experimentos que sirviesen de modelo. Estos nuevos sistemas sociales nacían condenados a moverse en el reino de la utopía; cuànto más detallados y minuciosos fueran, mas tenían que degenerar en puras fantasías.

Sentado esto, no tenemos por qué detenernos ni un momento más en este aspecto, incorporado ya definitivamente al pasado. Dejemos que los traperos literarios revuelvan solemnemente en estas fantasías, que hoy parecen mover a risa, para poner de relieve, sobre el fondo de ese «cúmulo de dislates», la superioridad de su razonamiento sereno. Nosotros, en cambio, nos admiramos de los geniales gérmenes de ideas y de las ideas geniales que brotan por todas partes bajo esa envoltura de fantasía y que los filisteos son incapaces de ver.

Saint-Simon era hijo de la Gran Revolución Francesa, que estalló cuando él no contaba aún 30 años. La revolución fue el triunfo del tercer estado, es decir, de la gran masa *activa* de la nación, a cuyo cargo corrían la producción y el comercio, sobre los estamentos hasta entonces *ociosos y* privilegiados de la sociedad: la nobleza y el clero. Pero pronto se vio que el triunfo del tercer estado no era más que el triunfo de una parte muy pequeña de él, la conquista del poder político por el sector socialmente privilegiado de esa clase: la burguesía poseyente. Esta burguesía, además, se desarrollaba rápidamente ya en el proceso de la revolución, especulando con las tierras confiscadas y luego *vendidas* de la aristocracia y de la Iglesia, y estafando a la nación por medio de los suministros al ejército. Fue precisamente el gobierno de estos estafadores el que, bajo el Directorio, llevó a Francia y a la revolución al borde de la ruina, dando con ello a Napoleón el pretexto para su golpe de Estado. Por eso, en la idea de Saint-Simon, el antagonismo entre el tercer estado y los estamentos privilegiados de la sociedad tomó la forma de un antagonismo entre «obreros» y «ociosos». Los «ociosos» eran no solo los antiguos privilegiados, sino todos aquellos que vivían de sus rentas, sin intervenir en la producción ni en el comercio. En el concepto de «trabajadores» no entraban solamente los obreros asalariados, sino también los fabricantes, los comerciantes y los banqueros. Que los ociosos habían perdido la capacidad para dirigir espiritualmente y gobernar políticamente, era un hecho evidente, que la revolución había sellado con carácter definitivo. Y, para Saint-Simon, las experiencias de la época del terror habían demostrado, a su vez, que los descamisados no poseían tampoco esa capacidad. Entonces, ¿quiénes habían de dirigir y gobernar? Según Saint-Simon, la ciencia y la industria unidas por un nuevo lazo religioso, un «nuevo cristianismo», forzosamente místico y rigurosamente jerárquico, llamado a restaurar la unidad de las ideas religiosas, rota desde la Reforma. Pero la ciencia eran los sabios académicos; y la industria eran, en primer término, los burgueses activos, los fabricantes, los comerciantes, los banqueros. Y aunque estos burgueses habían de transformarse en una especie de funcionarios públicos, de hombres de confianza de toda la sociedad, siempre conservarían frente a los obreros una posición autoritaria y económicamente privilegiada. Los banqueros serían en primer término los llamados a regular toda la producción social por medio de una reglamentación del crédito. Ese modo de concebir correspondía perfectamente a una época en que la gran industria, y con ella el antagonismo entre la burguesía y el proletariado, apenas comenzaba a despuntar en Francia. Pero Saint-Simon insiste muy especialmente en esto: lo que a él le preocupa siempre y en primer término es la suerte de «la clase más numerosa y más pobre» de la sociedad («*la classe la plus nombreuse et la plus pauvre*»).

Saint-Simon sienta ya, en sus *Cartas ginebrinas*, la tesis de que «todos los hombres deben trabajar». En la misma obra, se expresa ya la idea de que el reinado del terror era el gobierno de las masas desposeídas. «Ved —les grita— lo que aconteció en Francia, cuando vuestros camaradas subieron al poder, ellos provocaron el hambre». Pero el concebir la Revolución Francesa como una lucha de clases, y no solo entre la nobleza y la burguesía, sino entre la nobleza, la burguesía *y los desposeídos*, era, para el año 1802, un descubrimiento verdaderamente genial. En 1816, Saint-Simon declara que la política es la ciencia de la producción y predice ya la total absorción de la política por la economía. Y si aquí no hace más que aparecer en germen la idea de que la situación económica es la base de las instituciones políticas, proclama ya claramente la transformación del gobierno político sobre los hombres en una administración de las cosas y en la dirección de los procesos de la producción, que no es sino la idea de la «abolición del Estado», que tanto estrépito levanta últimamente. Y, alzándose al mismo plano de superioridad sobre sus contemporáneos, declara, en 1814, inmediatamente después de la entrada de las tropas coligadas en París,[9] y reitera en 1815, durante la guerra de los Cien Días,[10] que la alianza de Francia con Inglaterra y, en segundo término, la de estos países con Alemania es la única garantía del desarrollo próspero y la paz en Europa. Para predicar a los franceses de 1815 una alianza con los vencedores de Waterloo,[11] hacía falta tanta valentía como capacidad para ver a lo lejos en la historia.

Lo que en Saint-Simon es una amplitud genial de conceptos que le permite contener ya, en germen, casi todas las ideas no estrictamente económicas de los socialistas posteriores, en Fourier es la crítica ingeniosa auténticamente francesa, pero no por ello menos profunda, de las condiciones sociales existentes. Fourier coge por la palabra a la burguesía, a sus encendidos profetas de antes y a sus interesados aduladores de después de la Revolución. Pone al desnudo despiadadamente la miseria material y moral del mundo burgués, y la compara con las promesas fascinadoras de los viejos ilustradores, con su imagen de una sociedad en la que solo reinaría la razón, de una civilización que haría felices a todos los hombres y de una ilimitada perfectibilidad humana. Desenmascara las brillantes frases de los ideólogos burgueses de la época, demuestra cómo a esas frases altisonantes responde, por todas partes, la más mísera de las realidades y vuelca sobre este ruidoso fiasco de la fraseología su sátira mordaz. Fourier no es solo un crítico; su espíritu siempre jovial hace de él un satírico, uno de los más grandes satíricos de todos los tiempos. La especulación criminal desatada con el reflujo de la ola revolucionaria y el espíritu mezquino del comercio francés en aquellos años, aparecen pintados en sus obras con trazo magistral y deleitoso. Pero todavía es más magistral en él la crítica de la forma burguesa de las relaciones entre los sexos y de la posición de la mujer en la sociedad burguesa. Él es el primero que proclama que el grado de emancipación de la mujer en una sociedad es la medida de la emancipación general. Sin embargo, donde más descuella Fourier es en su modo de concebir la historia de la sociedad. Fourier divide toda la historia anterior en cuatro fases o etapas de desarrollo: el salvajismo, el patriarcado, la barbarie y la civilización, fase esta última que coincide con lo que llamamos hoy sociedad burguesa, es decir, con el régimen social implantado desde el siglo XVI, y demuestra que el «orden civilizado eleva a una forma compleja, ambigua, equívoca e hipócrita todos aquellos vicios que la barbarie practicaba en medio de la mayor sencillez». Para él, la civilización se mueve en un «círculo vicioso», en un ciclo de contradicciones, que está reproduciendo constantemente sin acertar a superarlas, consiguiendo de continuo lo contrario precisamente de lo que quiere o pretexta querer conseguir. Y así nos encontramos, por ejemplo, con que «en la civilización la *pobreza brota de la misma abundancia*». Como se ve, Fourier maneja la dialéctica con la misma maestría que su contemporáneo Hegel. Frente a los que se llenan la boca hablando de la ilimitada capacidad humana de perfección, pone de relieve, con igual dialéctica, que toda fase histórica tiene su vertiente ascensional, mas también su ladera descendente, y proyecta esta concepción sobre el futuro de toda la humanidad. Y así como Kant introduce en la ciencia de la naturaleza la idea del acabamiento futuro de la Tierra, Fourier introduce en su estudio de la historia la idea del acabamiento futuro de la humanidad.

Mientras el huracán de la revolución barría el suelo de Francia, en Inglaterra se desarrollaba un proceso revolucionario, más tranquilo, pero no por ello menos poderoso. El vapor y las máquinas-herramienta convirtieron la manufactura en la gran industria moderna, revolucionando con ello todos los fundamentos de la sociedad burguesa. El ritmo adormilado del desarrollo del período de la manufactura se convirtió en un verdadero período de lucha y embate de la producción. Con una velocidad cada vez más acelerada, iba produciéndose la división de la sociedad en grandes capitalistas y proletarios desposeídos, y entre ellos, en lugar del antiguo estado llano estable, llevaba una existencia insegura una masa inestable de artesanos y pequeños comerciantes, la parte más fluctuante de la población. El nuevo modo de producción solo empezaba a remontarse por su vertiente ascensional; era todavía el modo de producción normal, regular, el único posible, en aquellas circunstancias. Y, sin embargo, ya entonces originó toda una serie de graves calamidades sociales: hacinamiento en los barrios más sórdidos de las grandes ciudades de una población desarraigada de su suelo; disolución de todos los lazos tradicionales de la costumbre, de la sumisión patriarcal y de la familia; prolongación abusiva del trabajo, que sobre todo en las mujeres y en los niños tomaba proporciones aterradoras; desmoralización en masa de la clase trabajadora, lanzada de súbito a condiciones de vida totalmente nuevas: del campo a la ciudad, de la agricultura a la industria, de una situación estable a otra constantemente variable e insegura. En estas circunstancias, se alza como reformador un fabricante de 29 años, un hombre cuyo candor casi infantil rayaba en lo sublime y que era, a la par, un dirigente innato de hombres como pocos. Robert Owen habíase asimilado las enseñanzas de los ilustradores materialistas del siglo XVIII, según las cuales el carácter del hombre es, de una parte, el producto de su organización innata, y de otra, el fruto de las circunstancias que rodean al hombre durante su vida, y principalmente durante el período de su desarrollo. La mayoría de los hombres de su clase no veían en la revolución industrial más que caos y confusión, una ocasión propicia para pescar en río revuelto y enriquecerse aprisa. Owen vio en ella el terreno adecuado para poner en práctica su tesis favorita, introduciendo orden en el caos. Ya en Manchester, dirigiendo una fábrica de más de 500 obreros, había intentado, no sin éxito, aplicar prácticamente su teoría. Desde 1800 a 1829 encauzó en este sentido, aunque con mucha mayor libertad de iniciativa y con un éxito que le valió fama europea, la gran fábrica de hilados de algodón de New Lanark, en Escocia, de la que era socio y gerente. Una población que fue creciendo paulatinamente hasta 2 500 almas, reclutada al principio entre los elementos más heterogéneos, la mayoría de ellos muy desmoralizados, convirtióse en sus manos en una colonia modelo, en la que no se conocía la embriaguez, la policía, los jueces de paz, los procesos, los asilos para pobres, ni la beneficencia pública. Para ello, le bastó solo con colocar a sus obreros en condiciones más humanas de vida, consagrando un cuidado especial a la educación de su descendencia. Owen fue el creador de las escuelas de párvulos, que funcionaron por vez primera en New Lanark. Los niños eran enviados a la escuela desde los dos años, y se encontraban tan a gusto en ella, que con dificultad se les podía llevar a su casa. Mientras que en las fábricas de sus competidores los obreros trabajaban hasta 13 y 14 horas diarias, en New Lanark la jornada de trabajo era de 10 horas y media. Cuando una crisis algodonera obligó a cerrar la fábrica durante cuatro meses, los obreros de New Lanark, que quedaron sin trabajo, siguieron cobrando íntegros sus jornales. Y, con todo, la empresa había incrementado hasta el doble su valor y rendido a sus propietarios hasta el último día, abundantes ganancias.

Sin embargo, Owen no estaba satisfecho con lo conseguido. La existencia que había procurado a sus obreros distaba todavía mucho de ser, a sus ojos, una existencia digna de un ser humano. «Aquellos hombres eran mis esclavos» —decía. Las circunstancias relativamente favorables, en que les había colocado, estaban todavía muy lejos de permitirles desarrollar racionalmente y en todos sus aspectos el carácter y la inteligencia, y mucho menos desenvolver libremente sus energías. «Y, sin embargo, la parte productora de aquella población de

2 500 almas daba a la sociedad una suma de riqueza real que apenas medio siglo antes hubiera requerido el trabajo de 600 mil hombres juntos. Yo me preguntaba: ¿a dónde va a parar la diferencia entre la riqueza consumida por estas 2 500 personas y la que hubieran tenido que consumir las 600 mil?». La contestación era clara: esa diferencia se invertía en abonar a los propietarios de la empresa el cinco por ciento de interés sobre el capital de instalación, a lo que venían a sumarse más de 300 mil libras esterlinas de ganancia. Y el caso de New Lanark era, solo que en proporciones mayores, el de todas las fábricas de Inglaterra. «Sin esta nueva fuente de riqueza creada por las máquinas, hubiera sido imposible llevar adelante las guerras libradas para derribar a Napoleón y mantener en pie los principios de la sociedad aristocrática. Y, sin embargo, este nuevo poder era obra de la clase obrera».[12] A ella debían pertenecer también, por tanto, sus frutos. Las nuevas y gigantescas fuerzas productivas, que hasta allí solo habían servido para que se enriqueciesen unos cuantos y para la esclavización de las masas, echaban, según Owen, las bases para una reconstrucción social y estaban llamadas a trabajar solamente, como propiedad colectiva de todos, para el bienestar colectivo.

Fue así, por este camino puramente práctico, como fruto, por decirlo así, de los cálculos de un hombre de negocios, como surgió el comunismo oweniano, que conservó en todo momento este carácter práctico. Así, en 1823, Owen propone un sistema de colonias comunistas para combatir la miseria reinante en Irlanda y presenta, en apoyo de su propuesta, un presupuesto completo de gastos de establecimiento, desembolsos anuales e ingresos probables. Y así también en sus planes definitivos de la sociedad del porvenir, los detalles técnicos están calculados con un dominio tal de la materia, incluyendo hasta diseños, dibujos de frente y a vista de pájaro, que, una vez aceptado el método oweniano de reforma de la sociedad, poco sería lo que podría objetar ni aun el técnico experto, contra los pormenores de su organización.

El avance hacia el comunismo constituye el momento crucial en la vida de Owen. Mientras se había limitado a actuar solo como filántropo, no había cosechado más que riquezas, aplausos, honra y fama. Era el hombre más popular de Europa. No solo los hombres de su clase y posición social, sino también los gobernantes y los príncipes le escuchaban y lo aprobaban. Pero, en cuanto hizo públicas sus teorías comunistas, se volvió la hoja. Eran principalmente tres grandes obstáculos los que, según él, se alzaban en el camino de la reforma social: la propiedad privada, la religión y la forma vigente del matrimonio. Y no ignoraba a lo que se exponía atacándolos: la proscripción de toda la sociedad oficial y la pérdida de su posición social. Pero esta consideración no le contuvo en sus ataques despiadados contra aquellas instituciones, y ocurrió lo que él preveía. Desterrado de la sociedad oficial, ignorado completamente por la prensa, arruinado por sus fracasados experimentos comunistas en América, a los que sacrificó toda su fortuna, se dirigió a la clase obrera, en el seno de la cual actuó todavía durante 30 años. Todos los movimientos sociales, todos los progresos reales registrados en Inglaterra en interés de la clase trabajadora, van asociados al nombre de Owen. Así, en 1819, después de cinco años de grandes esfuerzos, consiguió que fuese votada la primera ley limitando el trabajo de la mujer y del niño en las fábricas. Él fue también quien presidió el primer congreso en que las tradeuniones de toda Inglaterra se fusionaron en una gran organización sindical única.[13] Y fue también él quien creó, como medidas de transición, para que la sociedad pudiera organizarse de manera íntegramente comunista, de una parte las cooperativas de consumo y de producción —que han servido por lo menos para demostrar prácticamente que el comerciante y el fabricante no son indispensables—, y de otra parte, los bazares obreros, establecimientos de intercambio de los productos del trabajo por medio de bonos de trabajo y cuya unidad era la hora de trabajo rendido; estos establecimientos tenían necesariamente que fracasar, pero anticiparon a los Bancos proudhonianos de intercambio,[14] diferenciándose de ellos solamente en que no pretendían ser la panacea universal para todos los males sociales, sino pura y simplemente un primer paso dado hacia una transformación mucho más radical de la sociedad.

Los conceptos de los utopistas han dominado durante mucho tiempo las ideas socialistas del siglo XIX, y en parte aún las siguen dominando hoy. Les rendían culto, hasta hace muy poco tiempo, todos los socialistas franceses e ingleses, y a ellos se debe también el incipiente comunismo alemán, incluyendo a Weitling. El socialismo es, para todos ellos, la expresión de la verdad absoluta, de la razón y de la justicia, y basta con descubrirlo para que por su propia virtud conquiste el mundo. Y, como la verdad absoluta no está sujeta a condiciones de espacio ni de tiempo, ni al desarrollo histórico de la humanidad, solo el azar puede decidir cuándo y dónde este descubrimiento ha de revelarse. Añádase a esto que la verdad absoluta, la razón y la justicia varían con los fundadores de cada escuela: y, como el carácter específico de la verdad absoluta, de la razón y la justicia está condicionado, a su vez, en cada uno de ellos, por la inteligencia subjetiva, las condiciones de vida, el estado de cultura y la disciplina mental, resulta que en este conflicto de verdades absolutas no cabe más solución que estas se vayan puliendo las unas a las otras. Y, así, era inevitable que surgiese una especie de socialismo ecléctico y mediocre, como el que, en efecto, sigue imperando todavía en las cabezas de la mayor parte de los obreros socialistas de Francia e Inglaterra; una mescolanza extraordinariamente abigarrada y llena de matices, compuesta de los desahogos críticos, las doctrinas económicas y las imágenes sociales del porvenir menos discutibles de los diversos fundadores de sectas, mescolanza tanto más fácil de componer cuanto más los ingredientes individuales habían ido perdiendo, en el torrente de la discusión, sus contornos perfilados y agudos, como los guijarros lamidos por la corriente de un río. Para convertir el socialismo en una ciencia, era indispensable, ante todo, situarlo en el terreno de la realidad.

II

Entretanto, junto a la filosofía francesa del siglo XVIII, y tras ella, había surgido la moderna filosofía alemana, a la que vino a poner remate Hegel. El principal mérito de esta filosofía es la restitución de la dialéctica, como forma suprema del pensamiento. Los antiguos filósofos griegos eran todos dialécticos innatos, espontáneos, y la cabeza más universal de todos ellos, Aristóteles, había llegado ya a estudiar las formas más substanciales del pensar dialéctico. En cambio, la nueva filosofía, aun teniendo algún que otro brillante mantenedor de la dialéctica (como, por ejemplo, Descartes y Spinoza), había ido cayendo cada vez más, influida principalmente por los ingleses, en la llamada manera metafísica de pensar, que también dominó casi totalmente entre los franceses del siglo XVIII, a lo menos en sus obras especialmente filosóficas. Fuera del campo estrictamente filosófico, también ellos habían creado obras maestras de dialéctica; como testimonio de ello basta citar *El sobrino de Rameau*, de Diderot, y el *Discurso sobre el origen y los fundamentos de la desigualdad entre los hombres* de Rousseau. Resumiremos aquí, concisamente, los rasgos más esenciales de ambos métodos discursivos.

Cuando nos paramos a pensar sobre la naturaleza, sobre la historia humana, o sobre nuestra propia actividad espiritual, nos encontramos de primera intención con la imagen de una trama infinita de concatenaciones y mutuas influencias, en la que nada permanece en lo que era, ni cómo y dónde era, sino que todo se mueve y cambia, nace y perece. Vemos, pues, ante todo, la imagen de conjunto, en la que los detalles pasan todavía más o menos a segundo plano; nos fijamos más en el movimiento, en las transiciones, en la concatenación, que en *lo que* se mueve, cambia y se concatena. Esta concepción del mundo, primitiva, ingenua, pero esencialmente justa, es la de los antiguos filósofos griegos, y aparece expresada claramente por vez primera en Heráclito: todo es y no es, pues todo *fluye,* todo se halla sujeto a un proceso constante de transformación, de incesante nacimiento y caducidad. Pero esta concepción, por exactamente que refleje el carácter general del cuadro que nos ofrecen los fenómenos, no basta para explicar los elementos aislados que forman ese cuadro total; sin conocerlos, la imagen general no adquirirá tampoco un sentido claro. Para penetrar en estos detalles tenemos que desgajarlos de su entronque histórico o natural e investigarlos por separado, cada uno de por sí, en su carácter, causas y efectos especiales, etcétera. Tal es la misión primordial de las ciencias naturales y de la historia, ramas de investigación que los griegos clásicos situaban, por razones muy justificadas, en un plano puramente secundario, pues primeramente debían dedicarse a acumular los materiales científicos necesarios. Mientras no se reúne una cierta cantidad de materiales naturales e históricos, no puede acometerse el examen crítico, la comparación y, congruentemente, la división en clases, órdenes y especies. Por eso, los rudimentos de las ciencias naturales exactas no fueron desarrollados hasta llegar a los griegos del período alejandrino,[15] y más tarde, en la Edad Media, por los árabes; la auténtica ciencia de la naturaleza solo data de la segunda mitad del siglo XV, y, a partir de entonces, no ha hecho más que progresar constantemente con ritmo acelerado. El análisis de la naturaleza en sus diferentes partes, la clasificación de los diversos procesos y objetos naturales en determinadas categorías, la investigación interna de los cuerpos orgánicos según su diversa estructura anatómica, fueron otras tantas condiciones fundamentales a que obedecieron los progresos gigantescos realizados durante los últimos cuatrocientos años en el conocimiento científico de la naturaleza. Pero este método de investigación nos ha legado, a la par, el hábito de enfocar las cosas y los procesos de la naturaleza aisladamente, sustraídos a la concatenación del gran todo; por tanto, no en su dinámica, sino enfocados estáticamente; no como sustancialmente variables, sino como consistencias fijas; no en su vida, sino en su muerte. Por eso este método de observación, al transplantarse, con Bacon y Locke, de las ciencias naturales a la filosofía, provocó la estrechez específica característica de estos últimos siglos: el método metafísico de pensamiento.

Para el metafísico, las cosas y sus imágenes en el pensamiento, los conceptos, son objetos de investigación aislados, fijos, rígidos, enfocados uno tras otro, cada cual de por sí, como algo dado y perenne. Piensa solo en antítesis sin mediatividad posible; para él, una de dos: sí, sí; no, no; porque lo que va más allá de esto, de mal procede.[16] Para él, una cosa existe o no existe; un objeto no puede ser al mismo tiempo lo que es y otro distinto. Lo positivo y lo negativo se excluyen en absoluto.

La causa y el efecto revisten asimismo a sus ojos, la forma de una rígida antítesis. A primera vista, este método discursivo nos parece extraordinariamente razonable, porque es el del llamado sentido común. Pero el mismo sentido común, personaje muy respetable de puertas adentro, entre las cuatro paredes de su casa, vive peripecias verdaderamente maravillosas en cuanto se aventura por los anchos campos de la investigación; y el método metafísico de pensar, por muy justificado y hasta por necesario que sea en muchas zonas del pensamiento, más o menos extensas según la naturaleza del objeto de que se trate, tropieza siempre, tarde o temprano, con una barrera franqueada, la cual se torna en un método unilateral, limitado, abstracto, y se pierde en insolubles contradicciones, pues, absorbido por los objetos concretos, no alcanza a ver su concatenación; preocupado con su existencia, no para mientes en su génesis ni en su caducidad; concentrado en su estatismo, no advierte su dinámica; obsesionado por los árboles, no alcanza a ver el bosque. En la realidad de cada día sabemos, por ejemplo, y podemos decir con toda certeza si un animal existe o no; pero, investigando la cosa con más detención, nos damos cuenta de que a veces el problema se complica considerablemente, como lo saben muy bien los juristas, que tanto y tan en vano se han atormentado por descubrir un límite racional a partir del cual deba la muerte del niño en el claustro materno considerarse como un asesinato; ni es fácil tampoco determinar con fijeza el momento de la muerte, toda vez que la fisiología ha demostrado que la muerte no es un fenómeno repentino, instantáneo, sino un proceso muy largo. Del mismo modo, todo ser orgánico es, en todo instante, él mismo y otro; en todo instante va asimilando materias absorbidas del exterior y eliminando otras de su seno; en todo instante, en su organismo mueren unas células y nacen otras; y, en el transcurso de un período más o menos largo, la materia de que está formado se renueva totalmente, y nuevos átomos de materia vienen a ocupar el lugar de los antiguos, por donde todo ser orgánico es, al mismo tiempo, el que es y otro distinto. Asimismo, nos encontramos, observando las cosas detenidamente, con que los dos polos de una antítesis, el positivo y el negativo, son tan inseparables como antitéticos el uno del otro y que, pese a *todo* su antagonismo, se penetran recíprocamente; y vemos que la causa y el efecto son representaciones que solo rigen como tales en su aplicación al caso concreto, pero, que, examinando el caso concreto en su concatenación con la imagen total del Universo, se juntan y se diluyen en la idea de una trama universal de acciones y reacciones, en que las causas y los efectos cambian constantemente de sitio y en que lo que ahora o aquí es efecto, adquiere luego o allí carácter de causa y viceversa.

Ninguno de estos fenómenos y métodos discursivos encaja en el cuadro de las especulaciones metafísicas. En cambio, para la dialéctica, que enfoca las cosas y sus imágenes conceptuales substancialmente en sus conexiones, en su concatenación, en su dinámica, en su proceso de génesis y caducidad, fenómenos como los expuestos no son más que otras tantas confirmaciones de su modo genuino de proceder. La naturaleza es la piedra de toque de la dialéctica, y las modernas ciencias naturales nos brindan para esta prueba un acervo de datos extraordinariamente copiosos y enriquecidos con cada día que pasa, demostrando con ello que la naturaleza se mueve, en última instancia, por los cauces dialécticos y no por los carriles metafísicos, que no se mueve en la eterna monotonía de un ciclo constantemente repetido, sino que recorre una verdadera historia. Aquí hay que citar en primer término a Darwin, quien, con su prueba de que toda la naturaleza orgánica existente, plantas y animales, y entre ellos, como es lógico, el hombre, es producto de un proceso de desarrollo que dura millones de años, ha asestado a la concepción metafísica de la naturaleza el más rudo golpe. Pero, hasta hoy, los naturalistas que han sabido pensar dialécticamente pueden contarse con los dedos, y este conflicto entre los resultados descubiertos y el método discursivo tradicional pone al desnudo la ilimitada confusión que reina hoy en las ciencias naturales teóricas y que constituye la desesperación de maestros y discípulos, de autores y lectores.

Solo siguiendo la senda dialéctica, no perdiendo jamás de vista las innumerables acciones y reacciones generales del devenir y del perecer, de los cambios de avance y de retroceso, llegamos a una concepción exacta del Universo, de su desarrollo y del desarrollo de la humanidad, así como de la imagen proyectada por ese desarrollo en las cabezas de los hombres. Y este fue, en efecto, el sentido en que empezó a trabajar, desde el primer momento, la moderna filosofía alemana. Kant comenzó su carrera de filósofo disolviendo el sistema solar estable de Newton y su duración eterna —después de recibido el famoso primer impulso— en un proceso histórico: en el nacimiento del Sol y de todos los planetas a partir de una masa nebulosa en rotación. De aquí, dedujo ya la conclusión de que este origen implicaba también, necesariamente, la muerte futura del sistema solar. Medio siglo después, su teoría fue confirmada matemáticamente por Laplace, y, al cabo de otro medio siglo, el espectroscopio ha venido a demostrar la existencia en el espacio de esas masas ígneas de gas, en diferente grado de condensación.

La filosofía alemana moderna encontró su remate en el sistema de Hegel, en el que por vez primera —y ese es su gran mérito— se concibe todo el mundo de la naturaleza, de la historia y del espíritu como un proceso, es decir, en constante movimiento, cambio, transformación y desarrollo y se intenta además poner de relieve la íntima conexión que preside este proceso de movimiento y desarrollo. Contemplada desde este punto de vista, la historia de la humanidad no aparecía ya como un caos árido de violencias absurdas, igualmente condenables todas ante el fuero de la razón filosófica hoy ya madura, y buenas para ser olvidadas cuanto antes, sino como el proceso de desarrollo de la propia humanidad, que al pensamiento incumbía ahora seguir en sus etapas graduales y a través de todos los extravíos, y demostrar la existencia de leyes internas que guían todo aquello que a primera vista pudiera creerse obra del ciego azar.

No importa que el sistema de Hegel no resolviese el problema que se planteaba. Su mérito, que sentó época, consistió en haberlo planteado. Porque se trata de un problema que ningún hombre solo puede resolver. Y aunque Hegel era, con Saint-Simon, la cabeza más universal de su tiempo, su horizonte hallábase circunscrito, en primer lugar, por la limitación inevitable de sus propios conocimientos, y, en segundo lugar, por los conocimientos y concepciones de su época, limitados también en extensión y profundidad. A esto hay que añadir una tercera circunstancia, Hegel era idealista; es decir, que para él las ideas de su cabeza no eran imágenes más o menos abstractas de los objetos y fenómenos de la realidad, sino que estas cosas y su desarrollo se le antojaban, por el contrario, proyecciones realizadas de la «Idea», que ya existía no se sabe cómo, antes de que existiese el mundo. Así, todo quedaba cabeza abajo, y se volvía completamente del revés la concatenación real del Universo. Y por exactas y aun geniales que fuesen no pocas de las conexiones concretas concebidas por Hegel, era inevitable, por las razones a que acabamos de aludir, que muchos de sus detalles tuviesen un carácter amañado, artificioso, construido; falso, en una palabra. El sistema de Hegel fue un aborto gigantesco, pero el último de su género. En efecto, seguía adoleciendo de una contradicción íntima incurable; pues, mientras de una parte arrancaba como supuesto esencial de la concepción histórica, según la cual la historia humana es un proceso de desarrollo que no puede, por su naturaleza, encontrar remate intelectual en el descubrimiento de eso que llaman verdad absoluta, de la otra se nos presenta precisamente como suma y compendio de esa verdad absoluta. Un sistema universal y definitivamente plasmado del conocimiento de la naturaleza y de la historia, es incompatible con las leyes fundamentales del pensamiento dialéctico; lo cual no excluye, sino que, lejos de ello, implica que el conocimiento sistemático del mundo exterior en su totalidad pueda progresar gigantescamente de generación en generación.

La conciencia de la total inversión en que incurría el idealismo alemán, llevó necesariamente al materialismo; pero, adviértase bien, no a aquel materialismo puramente metafísico y exclusivamente mecánico del siglo XVIII. En oposición a la simple repulsa, ingenuamente revolucionaria, de toda la historia anterior, el materialismo moderno ve en la historia el proceso de desarrollo de la humanidad, cuyas leyes dinámicas es misión suya descubrir. Contrariamente a la idea de la naturaleza que imperaba en los franceses del siglo XVIII, al igual que en Hegel, y en la que esta se concebía como un todo permanente e invariable, que se movía dentro de ciclos cortos, con cuerpos celestes eternos, tal y como se los representaba Newton, y con especies invariables de seres orgánicos, como enseñara Linneo, el materialismo moderno resume y compendia los nuevos progresos de las ciencias naturales, según los cuales la naturaleza tiene también su historia en el tiempo, y los mundos, así como las especies orgánicas que en condiciones propicias los habitan, nacen y mueren, y los ciclos, en el grado en que son admisibles, revisten dimensiones infinitamente más grandiosas. Tanto en uno como en otro caso, el materialismo moderno es substancialmente dialéctico y no necesita ya de una filosofía que se halla por encima de las demás ciencias. Desde el momento en que cada ciencia tiene que rendir cuentas de la posición que ocupa en el cuadro universal de las cosas y del conocimiento de estas, no hay ya margen para una ciencia especialmente consagrada a estudiar las concatenaciones universales. Todo lo que queda en pie de la anterior filosofía, con existencia propia, es la teoría del pensar y de sus leyes: la lógica formal y la dialéctica. Lo demás se disuelve en la ciencia positiva de la naturaleza y de la historia.

Sin embargo, mientras que esta revolución en la concepción de la naturaleza solo había podido imponerse en la medida en que la investigación suministraba a la ciencia los materiales positivos correspondientes, hacía ya mucho tiempo que se habían revelado ciertos hechos históricos que imprimieron un viraje decisivo al modo de enfocar la historia. En 1831, estalla en Lyon la primera insurrección obrera, y de 1838 a 1842 alcanza su apogeo el primer movimiento obrero nacional: el de los cartistas ingleses. La lucha de clases entre el proletariado y la burguesía pasó a ocupar el primer plano de la historia de los países europeos más avanzados, al mismo ritmo con que se desarrollaba en ellos, por una parte, la gran industria, y por otra, la dominación política recién conquistada de la burguesía. Los hechos venían a dar un mentís cada vez más rotundo a las doctrinas económicas burguesas de la identidad de intereses entre el capital y el trabajo y de la armonía universal y el bienestar general de las naciones, como fruto de la libre concurrencia. No había manera de pasar por alto estos hechos, ni era tampoco posible ignorar el socialismo francés e inglés, expresión teórica suya, por muy imperfecta que fuese. Pero la vieja concepción idealista de la historia, que aún no había sido desplazada, no conocía luchas de clases basadas en intereses materiales, ni conocía intereses materiales de ningún género; para ella, la producción, al igual que todas las relaciones económicas, solo existía accesoriamente, como un elemento secundario dentro de la «historia cultural».

Los nuevos hechos obligaron a someter toda la historia anterior a nuevas investigaciones, entonces se vio que, con excepción del estado primitivo, *toda* la historia anterior había sido la historia de las luchas de clases, y que estas clases sociales pugnantes entre sí eran en todas las épocas fruto de las relaciones de producción y de cambio, es decir, de las relaciones *económicas* de su época: que la estructura económica de la sociedad en cada época de la historia constituye, por tanto, la base real cuyas propiedades explican en última instancia, toda la superestructura integrada por las instituciones jurídicas y políticas, así como por la ideología religiosa, filosófica, etcétera, de cada período histórico. Hegel había liberado a la concepción de la historia de la metafísica, la había hecho dialéctica; pero su interpretación de la historia era esencialmente idealista. Ahora, el idealismo quedaba desahuciado de su último reducto, de la concepción de la historia, sustituyéndolo una concepción materialista de la historia, con lo que se abría el camino para explicar la conciencia del hombre por su existencia, y no esta por su conciencia, que hasta entonces era lo tradicional.

De este modo el socialismo no aparecía ya como el descubrimiento casual de tal o cual intelecto de genio, sino como el

producto necesario de la lucha entre dos clases formadas históricamente: el proletariado y la burguesía. Su misión ya no era
elaborar un sistema lo más perfecto posible de sociedad, sino
investigar el proceso histórico económico del que forzosamente
tenían que brotar estas clases y su conflicto, descubriendo los
medios para la solución de este en la situación económica así
creada. Pero el socialismo tradicional era incompatible con esta
nueva concepción materialista de la historia, ni más ni menos
que la concepción de la naturaleza del materialismo francés no
podía avenirse con la dialéctica y las nuevas ciencias naturales.
En efecto, el socialismo anterior criticaba el modo capitalista de
producción existente y sus consecuencias, pero no acertaba a
explicarlo, ni podía, por tanto, destruirlo ideológicamente, no se
le alcanzaba más que repudiarlo, lisa y llanamente, como malo.
Cuanto más violentamente clamaba contra la explotación de la
clase obrera, inseparable de este modo de producción, menos
estaba en condiciones de indicar claramente en qué consistía y
cómo nacía esta explotación. Mas de lo que se trataba era, por
una parte, exponer ese modo capitalista de producción en sus
conexiones históricas y como necesario para una determinada
época de la historia, demostrando con ello también la necesidad de su caída, y, por otra parte, poner al desnudo su carácter
interno, oculto todavía. Este se puso de manifiesto con el descubrimiento de la *plusvalía*. Descubrimiento que vino a reve-
lar que el régimen capitalista de producción y la explotación
del obrero, que de él se deriva, tenían por forma fundamental
la apropiación de trabajo no retribuido; que el capitalista, aun
cuando compra la fuerza de trabajo de su obrero por todo su
valor, por todo el valor que representa como mercancía en el
mercado, saca siempre de ella más valor que lo que le paga y
que esta plusvalía es, en última instancia, la suma de valor de

donde proviene la masa cada vez mayor del capital acumulada en manos de las clases poseedoras. El proceso de la producción capitalista y el de la producción de capital quedaban explicados.

Estos dos grandes descubrimientos: la concepción materialista de la historia y la revelación del secreto de la producción capitalista, mediante la plusvalía, se los debemos a Marx. Gracias a ellos, el socialismo se convierte en una ciencia, que solo nos queda por desarrollar en todos sus detalles y concatenaciones.

III

La concepción materialista de la historia parte de la tesis de que la producción, y tras ella el cambio de sus productos, es la base de todo orden social; de que en todas las sociedades que desfilan por la historia, la distribución de los productos, y junto a ella la división social de los hombres en clases o estamentos, es determinada por lo que la sociedad produce y cómo lo produce y por el modo de cambiar sus productos. Según eso, las últimas causas de todos los cambios sociales y de todas las revoluciones políticas no deben buscarse en las cabezas de los hombres ni en la idea que ellos se forjen de la verdad eterna ni de la eterna justicia, sino en las transformaciones operadas en el modo de producción y de cambio; han de buscarse no en la filosofía, sino en la economía de la época de que se trata. Cuando nace en los hombres la conciencia de que las instituciones sociales vigentes son irracionales e injustas, de que la razón se ha tornado en sinrazón y la bendición en plaga,[17] esto no es más que un indicio de que en los métodos de producción y en las formas de cambio se han producido calladamente transformaciones con las que ya no concuerda el orden social, cortado por el patrón de condiciones económicas anteriores. Con ello queda que en las nuevas relaciones de producción han de contenerse ya —más o menos desarrollados— los medios necesarios para poner término a los males descubiertos. Y esos medios no han de *sacarse* de la cabeza de nadie, sino que es la cabeza la que tiene que *descubrirlos* en los hechos materiales de la producción, tal y como los ofrece la realidad.

¿Cuál es, en este aspecto, la posición del socialismo moderno?

El orden social vigente —verdad reconocida hoy por casi todo el mundo— es obra de la clase dominante de los tiempos modernos de la burguesía. El modo de producción propio de la burguesía, al que desde Marx se da el nombre de modo capitalista de producción, era incompatible con los privilegios locales y de los estamentos, como lo era con los vínculos interpersonales del orden feudal. La burguesía echó por tierra el orden feudal y levantó sobre sus ruinas el régimen de la sociedad burguesa, el imperio de la libre concurrencia, de la libertad de domicilio, de la igualdad de derechos de los poseedores de las mercancías y tantas otras maravillas burguesas más. Ahora ya podía desarrollarse libremente el modo capitalista de producción. Y al venir el vapor y la nueva producción maquinizada y transformar la antigua manufactura en gran industria, las fuerzas productivas creadas y puestas en movimiento bajo el mando de la burguesía se desarrollaron con una velocidad inaudita y en proporciones desconocidas hasta entonces. Pero, del mismo modo que en su tiempo la manufactura y la artesanía, que seguía desarrollándose bajo su influencia, chocaron con las trabas feudales de los gremios, hoy la gran industria, al llegar a un nivel de desarrollo más alto, no cabe ya dentro del estrecho marco en que la tiene cohibida el modo capitalista de producción. Las nuevas fuerzas productivas desbordan ya la forma burguesa en que son explotadas, y este conflicto entre las fuerzas productivas y el modo de producción no es precisamente un conflicto planteado en las cabezas de los hombres, algo así como el conflicto entre el pecado original del hombre y la justicia divina, sino que existe en la realidad, objetivamente, fuera de nosotros, independientemente de la voluntad o de la actividad de los mismos hombres que lo han provocado. El socialismo moderno no es más que el reflejo de este conflicto material en la mente, su proyección ideal en las cabezas, empezando por las de la clase que sufre directamente sus consecuencias: la clase obrera.

¿En qué consiste este conflicto?

Antes de sobrevenir la producción capitalista, es decir, en la Edad Media, regía con carácter general la pequeña producción, basada en la propiedad privada del trabajador sobre sus medios de producción: en el campo, la agricultura corría a cargo de pequeños labradores, libres o siervos; en las ciudades, la industria estaba en manos de los artesanos. Los medios de trabajo —la tierra, los aperos de labranza, el taller, las herramientas— eran medios de trabajo individual, destinados tan solo al uso individual y, por tanto, forzosamente, mezquinos, diminutos, limitados. Pero esto mismo hacía que perteneciesen, por lo general, al propio productor. El papel histórico del modo capitalista de producción y de su portadora, la burguesía, consistió precisamente en concentrar y desarrollar estos dispersos y mezquinos medios de producción, transformándolos en las potentes palancas de la producción de los tiempos actuales. Este proceso, que viene desarrollando la burguesía desde el siglo XV y que pasa históricamente por las tres etapas de la cooperación simple, la manufactura y la gran industria, aparece minuciosamente expuesto por Marx en la sección cuarta de *El capital*. Pero la burguesía, como asimismo queda demostrado en dicha obra, no podía convertir esos primitivos medios de producción en poderosas fuerzas productivas sin convertirlas de medios individuales de producción en medios *sociales,* solo manejables por una *colectividad de hombres.* La rueca, el telar manual, el martillo del herrero fueron sustituidos por la máquina de hilar, por el telar mecánico, por el martillo movido a vapor; el taller individual cedió el puesto a la fábrica, que impone la cooperación de cientos y miles de obreros. Y, con los medios de producción, se transformó la producción misma, dejando de ser una cadena de actos individuales para convertirse en una cadena de actos sociales, y los productos individuales, en productos sociales. El hilo, las telas, los artículos de metal que ahora salían de la fábrica eran producto del trabajo colectivo de un gran número de obreros, por cuyas manos tenía que pasar sucesivamente para su elaboración. Ya nadie podía decir: esto lo he hecho *yo,* este producto es *mío.*

Pero allí donde la producción tiene por forma cardinal esa división social del trabajo creada paulatinamente, por impulso elemental, sin sujeción a plan alguno, la producción imprime a los productos la forma de *mercancía,* cuyo intercambio, compra y venta, permite a los distintos productores individuales satisfacer sus diversas necesidades. Y esto era lo que acontecía en la Edad Media. El campesino, por ejemplo, vendía al artesano los productos de la tierra, comprándole a cambio los artículos elaborados en su taller. En esta sociedad de productores individuales, de productores de mercancías, vino a introducirse más tarde el nuevo modo de producción. En medio de aquella división espontánea del trabajo *sin plan ni sistema,* que imperaba en el seno de toda la sociedad, el nuevo modo de producción implantó la división *planificada* del trabajo dentro de cada fábrica: al lado de la producción *individual*, surgió la producción *social*. Los productos de ambas se vendían en el mismo mercado, y por lo tanto, a precios aproximadamente iguales. Pero la organización planificada podía más que la división espontánea del trabajo; las fábricas en que el trabajo estaba organizado socialmente elaboraban productos más baratos que los pequeños productores individuales. La producción individual fue sucumbiendo poco a poco en todos los campos, y la producción social revolucionó todo el antiguo modo de producción. Sin embargo, este carácter revolucionario suyo pasaba desapercibido; tan desapercibido, que, por el contrario, se implantaba con la única y exclusiva finalidad de aumentar y fomentar la producción de mercancías. Nació directamente ligada a ciertos resortes de producción e intercambio de mercancías que ya venían funcionando: el capital comercial, la industria artesana y el trabajo asalariado. Y ya que surgía como una nueva forma de producción de mercancías, mantuviéronse en pleno vigor bajo ella las formas de apropiación de la producción de mercancías.

En la producción de mercancías, tal como se había desarrollado en la Edad Media, no podía surgir el problema de a quién debían pertenecer los productos del trabajo. El productor individual los creaba, por lo común, con materias primas de su propiedad, producidas no pocas veces por él mismo, con sus propios medios de trabajo y elaborados con su propio trabajo manual o el de su familia. No necesitaba, por tanto, apropiárselos, pues ya eran suyos por el mero hecho de producirlos. La propiedad de los productos basábase, pues, en el *trabajo personal*. Y aun en aquellos casos en que se empleaba la ayuda ajena, esta era, por lo común, cosa accesoria y recibía frecuentemente, además del salario, otra compensación: el aprendiz y el oficial de los gremios no trabajaban tanto por el salario y la comida como para aprender y llegar a ser algún día maestros. Pero sobreviene la concentración de los medios de producción en grandes talleres y manufacturas, su transformación en medios de producción realmente sociales. No obstante, estos medios de producción y sus productos sociales eran considerados como si siguiesen siendo lo que eran antes: medios de producción y productos individuales. Y si hasta aquí el propietario de los medios de trabajo se había apropiado de los productos, porque eran, generalmente, productos suyos y la ayuda ajena constituía una excepción, ahora el propietario de los medios de trabajo seguía apropiándose el producto, aunque este ya no era un producto *suyo*, sino fruto exclusivo del *trabajo ajeno*. De este modo, los productos, creados ahora socialmente, no pasaban a ser propiedad de aquellos que habían puesto realmente en marcha los medios de producción y que eran sus verdaderos creadores, sino del *capitalista*. Los medios de producción y la producción se habían convertido esencialmente en factores sociales. Y, sin embargo, veíanse sometidos a una forma de apropiación que presupone la producción privada individual, es decir, aquella en que cada cual es dueño de su propio producto y, como tal, acude con él al mercado. El modo de producción se ve sujeto a esta forma de apropiación, a pesar de que destruye el supuesto sobre el que descansa.[18] En esta contradicción, que imprime al nuevo modo de producción su carácter capitalista, *se encierra, en germen, todo el conflicto de los tiempos actuales.* Y cuanto más el nuevo modo de producción se impone e impera en todos los campos fundamentales de la producción y en todos los países económicamente importantes, desplazando a la producción individual, salvo vestigios insignificantes, *mayor es la evidencia con que se revela la incompatibilidad entre la producción social y la apropiación capitalista.*

Los primeros capitalistas se encontraron ya, como queda dicho, con la forma del trabajo asalariado. Pero como excepción, como ocupación secundaria, auxiliar, como punto de transición. El labrador que salía de vez en cuando a ganar un jornal, tenía sus dos fanegas de tierra propia, de las que, en caso extremo, podía vivir. Las ordenanzas gremiales velaban por que los oficiales de hoy se convirtiesen mañana en maestros. Pero, tan pronto como los medios de producción adquirieron un carácter social y se concentraron en manos de los capitalistas, las cosas cambiaron. Los medios de producción y los productos del pequeño productor individual fueron depreciándose cada vez más, hasta que a este pequeño productor no le quedó otro recurso que colocarse a ganar un jornal pagado por el capitalista. El trabajo asalariado, que antes era excepción y ocupación auxiliar se convirtió en regla y forma fundamental de toda la producción, y la que antes era ocupación accesoria se convierte ahora en ocupación exclusiva del obrero. El obrero asalariado temporal se convirtió en asalariado para toda la vida. Además, la muchedumbre de estos asalariados de por vida se ve gigantescamente engrosada por el derrumbe simultáneo del orden feudal, por la disolución de las mesnadas de los señores feudales, la expulsión de los campesinos de sus fincas, etcétera. Se ha realizado el completo divorcio entre los medios de producción concentrados en manos de los capitalistas, de un lado, y de otro, los productores que no poseían más que su propia fuerza de trabajo. *La contradicción entre la producción social y la apropiación capitalista se manifiesta como antagonismo entre el proletariado y la burguesía.*

Hemos visto que el modo de producción capitalista vino a introducirse en una sociedad de productores de mercancías, de productores individuales, cuyo vínculo social era el cambio de sus productos. Pero toda sociedad basada en la producción de mercancías presenta la particularidad de que en ella los productores pierden el mando sobre sus propias relaciones sociales. Cada cual produce por su cuenta, con los medios de producción de que acierta a disponer, y para las necesidades de su intercambio privado. Nadie sabe qué cantidad de artículos de la misma clase que los suyos se lanza al mercado, ni cuántos necesita este; nadie sabe si su producto individual responde a una demanda efectiva, ni si podrá cubrir los gastos, ni siquiera, en general, si podrá venderlo. La anarquía impera en la producción social. Pero la producción de mercancías tiene, como toda forma de producción, sus leyes características, específicas e inseparables de la misma; y estas leyes se abren paso a pesar de la anarquía, en la misma anarquía y a través de ella. Toman cuerpo en la única forma de ligazón social que subsiste: en el cambio, y se imponen a los productores individuales bajo la forma de las leyes imperativas de la competencia. En un principio, por tanto, estos productores las ignoran, y es necesario que una larga experiencia las vaya revelando poco a poco. Se imponen, pues, sin los productores y aun en contra de ellos, como leyes naturales ciegas que presiden esta forma de producción. El producto impera sobre el productor.

En la sociedad medieval, y sobre todo en los primeros siglos de ella, la producción estaba destinada principalmente al consumo propio, a satisfacer solo las necesidades del productor y de su familia. Y allí donde, como acontecía en el campo, subsistían relaciones personales de vasallaje, contribuía también a satisfacer las necesidades del señor feudal. No se producía, pues, intercambio alguno, ni los productos revestían, por lo tanto, el carácter de mercancías. La familia del labrador producía casi todos los objetos que necesitaba: aperos, ropas y víveres.

Solo empezó a producir mercancías cuando consiguió crear un remanente de productos, después de cubrir sus necesidades propias y los tributos en especie que había de pagar al señor feudal; este remanente, lanzado al intercambio social, al mercado, para su venta, se convirtió en mercancía. Los artesanos de las ciudades, por cierto, tuvieron que producir para el mercado ya desde el primer momento. Pero también obtenían ellos mismos la mayor parte de los productos que necesitaban para su consumo; tenían sus huertos y sus pequeños campos, apacentaban su ganado en los bosques comunales, que además les suministraban la madera y la leña; sus mujeres hilaban el lino y la lana, etcétera. La producción para el cambio, la producción de mercancías, estaba en sus comienzos. Por eso el intercambio era limitado, el mercado reducido, el modo de producción estable. Frente al exterior imperaba el exclusivismo local; en el interior, la asociación local: la marca[19] en el campo, los gremios en las ciudades.

Pero al extenderse la producción de mercancías y, sobre todo, al aparecer el modo capitalista de producción, las leyes de producción de mercancías, que hasta aquí apenas habían dado señales de vida, entran en funciones de una manera franca y potente. Las antiguas asociaciones empiezan a perder fuerza, las antiguas fronteras locales se vienen a tierra, los productores se convierten más y más en productores de mercancías independientes y aislados. La anarquía de la producción social sale a la luz y se agudiza cada vez más. Pero el instrumento principal con el que el modo capitalista de producción fomenta esta anarquía en la producción social es precisamente lo inverso de la anarquía: la creciente organización de la producción con carácter social, dentro de cada establecimiento de producción. Con este resorte, pone fin a la vieja estabilidad pacífica. Allí donde se implanta en una rama industrial, no tolera a su lado ninguno de los viejos métodos. Donde se adueña de la industria artesana, la destruye y aniquila. El terreno del trabajo se convierte en un campo de batalla. Los grandes descubrimientos geográficos y las empresas de colonización que les siguen, multiplican los mercados y aceleran el proceso de transformación del taller del artesano en manufactura. Y la lucha no estalla solamente entre los productores locales aislados; las contiendas locales van cobrando volumen nacional, y surgen las guerras comerciales de los siglos XVII y XVIII. Hasta que, por fin, la gran industria y la implantación del mercado mundial dan carácter universal a la lucha, a la par que le imprimen una inaudita violencia. Lo mismo entre los capitalistas individuales que entre industrias y países enteros, la posesión de las condiciones —naturales o artificialmente creadas— de la producción, decide la lucha por la existencia. El que sucumbe es arrollado sin piedad. Es la lucha darwinista por la existencia individual, transplantada, con redoblada furia, de la naturaleza a la sociedad. Las condiciones naturales de vida de la bestia se convierten en el punto culminante del desarrollo humano. La contradicción entre la producción social y la apropiación capitalista se manifiesta ahora como *antagonismo entre la organización de la producción dentro de cada fábrica y la anarquía de la producción en el seno de toda la sociedad.*

El modo capitalista de producción se mueve en estas dos formas de manifestación de la contradicción inherente a él por sus mismos orígenes, describiendo sin apelación aquel «círculo vicioso» que ya puso de manifiesto Fourier. Pero lo que Fourier, en su época, no podía ver todavía era que este círculo va reduciéndose gradualmente, que el movimiento se desarrolla más bien en espiral y tiene que llegar necesariamente a su fin, como el movimiento de los planetas, chocando con el centro. Es la fuerza propulsora de la anarquía social de la producción la que convierte a la inmensa mayoría de los hombres, cada vez más marcadamente, en proletarios, y estas masas proletarias serán, a su vez, las que, por último, pondrán fin a la anarquía de la producción. Es la fuerza propulsora de la anarquía social de la producción la que convierte la capacidad infinita de perfeccionamiento de las máquinas de la gran industria en un precepto imperativo, que obliga a todo capitalista industrial a mejorar continuamente su maquinaria, so pena de perecer. Pero mejorar la maquinaria equivale a hacer superflua una masa de trabajo humano. Y así como la implantación y el aumento cuantitativo de la maquinaria trajeron consigo el desplazamiento de millones de obreros manuales por un número reducido de obreros mecánicos, su perfeccionamiento determina la eliminación de un número cada vez mayor de obreros de las máquinas, y, en última instancia, la creación de una masa de obreros disponibles que sobrepuja la necesidad media de ocupación del capital, de un verdadero ejército industrial de reserva, como yo hube de llamarlo ya en 1845,[20] de un ejército de trabajadores disponibles para los tiempos en que la industria trabaja a todo vapor y que luego, en las crisis que sobrevienen necesariamente después de esos períodos, se ve lanzado a la calle, constituyendo en todo momento un grillete atado a los pies de la clase trabajadora en su lucha por la existencia contra el capital y un regulador para mantener los salarios en el nivel bajo que corresponde a las necesidades del capitalismo. Así pues, la maquinaria, para decirlo con Marx, se ha convertido en el arma más poderosa del capital contra la clase obrera, en un medio de trabajo que arranca constantemente los medios de vida de manos del obrero, ocurriendo que el producto mismo del obrero se convierte en el instrumento de su esclavización.[21] De este modo, la economía en los medios de trabajo lleva consigo, desde el primer momento, el más despiadado despilfarro de la fuerza de trabajo y un despojo contra las condiciones normales de la función misma del trabajo.[22] Y la maquinaria, el recurso más poderoso que ha podido crearse para acortar la jornada de trabajo, se trueca en el recurso más infalible para convertir la vida entera del obrero y de su familia en una gran jornada de trabajo disponible para la valorización del capital; así ocurre que el exceso de trabajo de unos es la condición determinante de la carencia de trabajo de otros, y que la gran industria, lanzándose por el mundo entero, en carrera desenfrenada, a la conquista de nuevos consumidores, reduce en su propia casa el consumo de las masas a un mínimo de hambre y mina con ello su propio mercado interior.

La ley que mantiene constantemente el exceso relativo de población o ejército industrial de reserva en equilibrio con el volumen y la energía de la acumulación del capital, ata al obrero al capital con ligaduras más fuertes que las cuñas con que Hefestos clavó a Prometeo a la roca. Esto origina que a la acumulación del capital corresponda una acumulación igual de miseria. La acumulación de la riqueza en uno de los polos determina en el polo contrario, en el polo de la clase que produce su propio producto como capital, una acumulación igual de miseria, de tormentos de trabajo, de esclavitud, de ignorancia, de embrutecimiento y de degradación moral. (Marx, *El capital*: t. I, cap. XXIII).

Y esperar del modo capitalista de producción otra distribución de los productos sería como esperar que los dos electrodos de una batería, mientras estén conectados con esta, no descompongan el agua ni liberen oxígeno en el polo positivo e hidrógeno en el negativo.

Hemos visto que la capacidad de perfeccionamiento de la maquinaria moderna, llevada a su límite máximo, se convierte, gracias a la anarquía de la producción dentro de la sociedad, en un precepto imperativo que obliga a los capitalistas industriales, cada cual de por sí, a mejorar incesantemente su maquinaria, a hacer siempre más potente su fuerza de producción. No menos imperativo es el precepto en que se convierte para él la mera posibilidad efectiva de dilatar su órbita de producción. La enorme fuerza de expansión de la gran industria, a cuyo lado la de los gases es un juego de chicos, se revela hoy ante nuestros ojos como una *necesidad* cualitativa y cuantitativa de expansión, que se burla de cuantos obstáculos encuentra a su paso. Estos obstáculos son los que le oponen el consumo, la salida, los mercados de que necesitan los productos de la gran industria. Pero la capacidad extensiva e intensiva de expansión de los mercados, obedece, por su parte, a leyes muy distintas y que actúan de un modo mucho menos enérgico. La expansión de los mercados no puede desarrollarse al mismo ritmo que la de la producción. La colisión se hace inevitable, y como no puede dar ninguna solución mientras no haga saltar el propio modo de producción capitalista, esa colisión se hace periódica. La producción capitalista engendra un nuevo «círculo vicioso».

En efecto, desde 1825, año en que estalla la primera crisis general, no pasan diez años seguidos sin que todo el mundo industrial y comercial, la producción y el intercambio de todos los pueblos civilizados y de su séquito de países más o menos bárbaros, se salga de quicio. El comercio se paraliza, los mercados están sobresaturados de mercancías, los productos se estancan en los almacenes abarrotados, sin encontrar salida;

el dinero contante se hace invisible; el crédito desaparece; las fábricas paran; las masas obreras carecen de medios de vida precisamente por haberlos producido en exceso, las bancarrotas y las liquidaciones se suceden unas a otras. El estancamiento dura años enteros, las fuerzas productivas y los productos se derrochan y destruyen en masa, hasta que, por fin, las masas de mercancías acumuladas, más o menos depreciadas, encuentran salida, y la producción y el cambio van reanimándose poco a poco. Paulatinamente, la marcha se acelera, el paso de andadura se convierte en trote, el trote industrial, en galope y, por último, en carrera desenfrenada, en un *steeplechase*[23] de la industria, el comercio, el crédito y la especulación, para terminar finalmente, después de los saltos más arriesgados, en la fosa de un crac. Y así, una vez y otra. Cinco veces se ha venido repitiendo la misma historia desde el año 1825, y en estos momentos (1877) estamos viviéndola por sexta vez. Y el carácter de estas crisis es tan nítido y tan acusado, que Fourier las abarcaba todas cuando describía la primera, diciendo que era una *crise pléthorique*, una crisis nacida de la superabundancia.

En las crisis estalla en explosiones violentas la contradicción entre la producción social y la apropiación capitalista. La circulación de mercancías queda, por el momento, paralizada. El medio de circulación, el dinero, se convierte en un obstáculo para la circulación; todas las leyes de la producción y circulación de mercancías se vuelven del revés. El conflicto económico alcanza su punto de apogeo: *el modo de producción se rebela contra el modo de cambio.*

El hecho de que la organización social de la producción dentro de las fábricas se haya desarrollado hasta llegar a un punto en que se ha hecho inconciliable con la anarquía —coexistente con ella y por encima de ella— de la producción en la sociedad, es un hecho que se les revela tangiblemente a los propios capitalistas, por la concentración violenta de los capitales, producida durante las crisis a costa de la ruina de muchos grandes y, sobre todo, pequeños capitalistas. Todo el mecanismo del modo capitalista de producción falla, agobiado por las fuerzas productivas que él mismo ha engendrado. Ya no acierta a transformar en capital esta masa de medios de producción, que permanecen inactivos, y por esto precisamente debe permanecer también inactivo el ejército industrial de reserva. Medios de producción, medios de vida, obreros disponibles: todos los elementos de la producción y de la riqueza general existen con exceso. Pero «la superabundancia se convierte en fuente de miseria y de penuria» (Fourier), ya que es ella, precisamente, la que impide la transformación de los medios de producción y de vida en capital, pues en la sociedad capitalista, los medios de producción no pueden ponerse en movimiento más que convirtiéndose previamente en capital, en medio de explotación de la fuerza humana de trabajo. Esta imprescindible calidad de capital de los medios de producción y de vida se alza como un espectro entre ellos y la clase obrera. Esta calidad es la que impide que se engranen la palanca material y la palanca personal de la producción; es la que no permite a los medios de producción funcionar ni a los obreros trabajar y vivir. De una parte, el modo capitalista de producción revela, pues, su propia incapacidad para seguir rigiendo sus fuerzas productivas. De otra parte, estas fuerzas productivas acucian con intensidad cada vez mayor a que se elimine la contradicción, a que se las redima de su condición de capital, *a que se reconozca de hecho su carácter de fuerzas productivas sociales.*

Es esta rebelión de las fuerzas de producción cada vez más imponentes, contra su calidad de capital, esta necesidad cada

vez más imperiosa de que se reconozca su carácter social, la
que obliga a la propia clase capitalista a tratarlas cada vez más
abiertamente como fuerzas productivas sociales, en el grado
en que ello es posible dentro de las relaciones capitalistas. Lo
mismo los períodos de alta presión industrial, con su desme-
dida expansión del crédito, que el crac mismo, con el desmoro-
namiento de grandes empresas capitalistas, impulsan esa forma
de socialización de grandes masas de medios de producción
con que nos encontramos en las diversas categorías de sociedades anónimas. Algunos de estos medios de producción y de
comunicación son ya de por sí tan gigantescos, que excluyen,
como ocurre con los ferrocarriles, toda otra forma de explotación capitalista. Al llegar a una determinada fase de desarrollo,
ya no basta tampoco esta forma; los grandes productores nacio-
nales de una rama industrial se unen para formar un *trust*, una
agrupación encaminada a regular la producción; determinan la
cantidad total que ha de producirse, se la reparten entre ellos e
imponen de este modo un precio de venta fijado de antemano.
Pero, como estos *trusts* se desmoronan al sobrevenir la primera
racha mala en los negocios, empujan con ello a una socialización
todavía más concentrada; toda la rama industrial se convierte
en una sola gran sociedad anónima, y la competencia interior
cede el puesto al monopolio interior de esta única sociedad; así
sucedió ya en 1890 con la producción inglesa de álcalis, que en
la actualidad, después de fusionarse todas las 48 grandes fábricas del país, es explotada por una sola sociedad con dirección
única y un capital de 120 millones de marcos.

En los *trusts*, la libre concurrencia se trueca en monopolio y
la producción sin plan de la sociedad capitalista capitula ante la
producción planeada y organizada de la futura sociedad socialista a punto de sobrevenir. Claro está que, por el momento, en

provecho y beneficio de los capitalistas. Pero aquí la explotación se hace tan patente, que tiene forzosamente que derrumbarse. Ningún pueblo toleraría una producción dirigida por los *trusts*, una explotación tan descarada de la colectividad por una pequeña cuadrilla de cortadores de cupones.

De un modo o de otro, con o sin *trusts*, el representante oficial de la sociedad capitalista, el Estado, tiene que acabar haciéndose cargo del mando de la producción.[24] La necesidad a que responde esta transformación de ciertas empresas en propiedad del Estado empieza manifestándose en las grandes empresas de transportes y comunicaciones, tales como el correo, el telégrafo y los ferrocarriles.

A la par que las crisis revelan la incapacidad de la burguesía para seguir rigiendo las fuerzas productivas modernas, la transformación de las grandes empresas de producción y transporte en sociedades anónimas, *trusts* y en propiedad del Estado demuestra que la burguesía no es ya indispensable para el desempeño de estas funciones. Hoy, las funciones sociales del capitalista corren todas a cargo de empleados a sueldo, y toda la actividad social de aquel se reduce a cobrar sus rentas, cortar sus cupones y jugar en la Bolsa, donde los capitalistas de toda clase se arrebatan unos a otros sus capitales. Y si antes el modo capitalista de producción desplazaba a los obreros, ahora desplaza también a los capitalistas, arrinconándolos, igual que a los obreros, entre la población sobrante; aunque por ahora todavía no en el ejército industrial de reserva.

Pero las fuerzas productivas no pierden su condición de capital al convertirse en propiedad de las sociedades anónimas y de los *trusts* o en propiedad del Estado. Por lo que a las sociedades anónimas y a los *trusts* se refiere, es palpablemente claro. Por su parte, el Estado moderno no es tampoco más que una organización creada por la sociedad burguesa para defender las condiciones exteriores generales del modo capitalista de producción contra los atentados, tanto de los obreros como de los capitalistas individuales. El Estado moderno, cualquiera que sea su forma, es una máquina esencialmente capitalista, es el Estado de los capitalistas, el capitalista colectivo ideal. Y cuantas más fuerzas productivas asuma en propiedad, tanto más se convertirá en capitalista colectivo y tanta mayor cantidad de ciudadanos explotará. Los obreros siguen siendo obreros asalariados, proletarios. La relación capitalista, lejos de abolirse con estas medidas, se agudiza, llega al extremo, a la cúspide. Mas, al llegar a la cúspide, se derrumba. La propiedad del Estado sobre las fuerzas productivas no es solución del conflicto, pero alberga ya en su seno el medio formal, el resorte para llegar a la solución.

Esta solución solo puede estar en reconocer de un modo efectivo el carácter social de las fuerzas productivas modernas y por lo tanto en armonizar el modo de producción, de apropiación y de cambio con el carácter social de los medios de producción. Para esto, no hay más que un camino: que la sociedad, abiertamente y sin rodeos, tome posesión de esas fuerzas productivas, que ya no admite otra dirección que la suya. Haciéndolo así, el carácter social de los medios de producción y de los productos, que hoy se vuelve contra los mismos productores, rompiendo periódicamente los cauces del modo de producción y de cambio, y que solo puede imponerse con una fuerza y eficacia tan destructoras como el impulso ciego de las leyes naturales, será puesto en vigor con plena conciencia por los productores y se convertirá, de causa constante de perturbaciones y de cataclismos periódicos, en la palanca más poderosa de la producción misma.

Las fuerzas activas de la sociedad obran, mientras no las conocemos y contamos con ellas, exactamente lo mismo que las fuerzas de la naturaleza: de un modo ciego, violento, destructor. Pero, una vez conocidas, tan pronto como se ha sabido comprender su acción, su tendencia y sus efectos, en nuestras manos está el supeditarlas cada vez más de lleno a nuestra voluntad y alcanzar por medio de ellas los fines propuestos. Tal es lo que ocurre, muy señaladamente, con las gigantescas fuerzas modernas de producción. Mientras nos resistamos obstinadamente a comprender su naturaleza y su carácter —y a esta comprensión se oponen el modo capitalista de producción y sus defensores—, estas fuerzas actuarán a pesar de nosotros, contra nosotros, y nos dominarán, como hemos puesto bien de relieve. En cambio, tan pronto como penetremos en su naturaleza, esas fuerzas, puestas en manos de los productores asociados, se convertirán, de tiranos demoníacos, en sumisas servidoras. Es la misma diferencia que hay entre el poder destructor de la electricidad en los rayos de la tormenta y la electricidad sujeta en el telégrafo y en el arco voltaico; la diferencia que hay entre el incendio y el fuego puesto al servicio del hombre. El día en que las fuerzas productivas de la sociedad moderna se sometan al régimen congruente con su naturaleza, por fin conocida, la anarquía social de la producción dejará el puesto a una reglamentación colectiva y organizada de la producción acorde con las necesidades de la sociedad y de cada individuo. Y el régimen capitalista de apropiación, en que el producto esclaviza primero a quien lo crea y luego a quien se lo apropia, será sustituido por el régimen de apropiación del producto que el carácter de los modernos medios de producción está reclamando: de una parte, apropiación directamente social, como medio para mantener y ampliar la producción; de otra parte, apropiación directamente individual, como medio de vida y de disfrute.

El modo capitalista de producción, al convertir más y más en proletarios a la inmensa mayoría de los individuos de cada país, crea la fuerza que, si no quiere perecer, está obligada a hacer esa revolución. Y, al forzar cada vez más la conversión en propiedad del Estado de los grandes medios socializados de producción, señala ya por sí mismo el camino por el que esa revolución ha de producirse. *El proletariado toma en sus manos el poder del Estado y comienza por convertir los medios de producción en propiedad del Estado.* Pero con este mismo acto se destruye a sí mismo como proletariado, y destruye toda diferencia y todo antagonismo de clases, y con ello mismo, el Estado como tal. La sociedad, que se había movido hasta el presente entre antagonismos de clase, ha necesitado del Estado, o sea, de una organización de la correspondiente clase explotadora para mantener las condiciones exteriores de producción, y, por tanto, particularmente, para mantener por la fuerza a la clase explotada en las condiciones de opresión (la esclavitud, la servidumbre o el vasallaje y el trabajo asalariado), determinadas por el modo de producción existente. El Estado era el representante oficial de toda la sociedad, su síntesis en un cuerpo social visible; pero lo era solo como Estado de la clase que en su época representaba a toda la sociedad: en la antigüedad era el Estado de los ciudadanos esclavistas; en la Edad Media el de la nobleza feudal; en nuestros tiempos es el de la burguesía. Cuando el Estado se convierta finalmente en representante efectivo de toda la sociedad será por sí mismo superfluo. Cuando ya no exista ninguna clase social a la que haya que mantener sometida; cuando desaparezcan, junto con la dominación de clase, junto con la lucha por la existencia individual, engendrada por la actual anarquía de la producción, los choques y los excesos resultantes de esto, no habrá ya nada que reprimir ni hará falta, por tanto, esa fuerza especial de represión que es el Estado. El primer acto en que el Estado se manifiesta efectivamente como representante de toda la sociedad: la toma de posesión de los medios de producción en nombre de la sociedad, es a la par su último acto independiente como Estado. La intervención de la autoridad del Estado en las relaciones sociales se hará superflua en un campo tras otro de la vida social y cesará por sí misma. El gobierno sobre las personas es sustituido por la administración de las cosas y por la dirección de los procesos de producción. El Estado no es «abolido»; *se extingue*. Partiendo de esto es como hay que juzgar el valor de esa frase del «Estado popular libre»[25] en lo que toca a su justificación provisional como consigna de agitación y en lo que se refiere a su falta de fundamento científico. Partiendo de esto es también como debe ser considerada la reivindicación de los llamados anarquistas de que el Estado sea abolido de la noche a la mañana.

Desde que ha aparecido en la palestra de la historia el modo de producción capitalista ha habido individuos y sectas enteras ante quienes se ha proyectado más o menos vagamente, como ideal futuro, la apropiación de todos los medios de producción por la sociedad. Mas, para que esto fuese realizable, para que se convirtiese en una necesidad histórica, era menester que antes se diesen las condiciones efectivas para su realización. Para que este progreso, como todos los progresos sociales, sea viable, no basta con que la razón comprenda que la existencia de las clases es incompatible con los dictados de la justicia, de la igualdad, etcétera; no basta con la mera voluntad de abolir estas clases, sino que son necesarias determinadas condiciones económicas nuevas. La división de la sociedad en una clase explotadora y otra explotada, una clase dominante y otra oprimida, era una consecuencia necesaria del anterior desarrollo incipiente de la producción. Mientras el trabajo global de la sociedad solo rinde lo estrictamente indispensable para cubrir las necesidades más elementales de todos; mientras, por lo tanto, el trabajo absorbe todo el tiempo o casi todo el tiempo de la inmensa mayoría de los miembros de la sociedad, esta se divide, necesariamente, en clases. Junto a la gran mayoría constreñida a no hacer más que llevar la carga del trabajo, se forma una clase eximida del trabajo directamente productivo y a cuyo cargo corren los asuntos generales de la sociedad: la dirección de los trabajos, los negocios públicos, la justicia, las ciencias, las artes, etcétera. Es, pues, la ley de la división del trabajo la que sirve de base a la división de la sociedad en clases. Lo cual no impide que esta división de la sociedad en clases se lleve a cabo por la violencia y el despojo, la astucia y el engaño; ni quiere decir que la clase dominante, una vez entronizada, se abstenga de consolidar su poderío a costa de la clase trabajadora, convirtiendo su papel social de dirección en una mayor explotación de las masas.

Vemos, pues, que la división de la sociedad en clases tiene su razón histórica de ser, pero solo dentro de determinados límites de tiempo bajo determinadas condiciones sociales. Era condicionada por la insuficiencia de la producción, y será barrida cuando se desarrollen plenamente las modernas fuerzas productivas. En efecto, la abolición de las clases sociales presupone un grado histórico de desarrollo tal, que la existencia, no ya de esta o de aquella clase dominante concreta, sino de una clase dominante cualquiera que ella sea y, por tanto, de las mismas diferencias de clase, representa un anacronismo. Presupone, por consiguiente, un grado culminante en el desarrollo de la producción, en el que la apropiación de los medios de producción y de los productos y, por tanto, del poder político, del monopolio de la cultura y de la dirección espiritual por una determinada clase de la sociedad, no solo se hayan hecho superfluos, sino que además constituyan económica, política e intelectualmente una barrera levantada ante el progreso. Pues bien; a este punto ya se ha llegado. Hoy, la bancarrota política e intelectual de la burguesía ya apenas es un secreto ni para ella misma, y su bancarrota económica es un fenómeno que se repite periódicamente cada diez años. En cada una de estas crisis, la sociedad se asfixia, ahogada por la masa de sus propias fuerzas productivas y de sus productos, a los que no puede aprovechar, y se enfrenta, impotente, con la absurda contradicción de que sus productores no tengan qué consumir, por falta precisamente de consumidores. La fuerza expansiva de los medios de producción rompe las ligaduras con que los sujeta el modo capitalista de producción. Esta liberación de los medios de producción es lo único que puede permitir el desarrollo ininterrumpido y cada vez más rápido de las fuerzas productivas, y con ello, el crecimiento prácticamente ilimitado de la producción. Mas no es esto solo. La apropiación social de los medios de producción no solo arrolla los obstáculos artificiales que hoy se le oponen a la producción, sino que acaba también con el derroche y la asolación de fuerzas productivas y de productos, que es una de las consecuencias inevitables de la producción actual y que alcanza su punto de apogeo en las crisis. Además, al acabar con el necio derroche de lujo de las clases dominantes y de sus representantes políticos, pone en circulación para la colectividad toda una masa de medios de producción y de productos. Por vez primera, se da ahora, y se da de un modo efectivo, la posibilidad de asegurar a todos los miembros de la sociedad, por medio de un sistema de producción social, una existencia que, además de satisfacer plenamente y cada día con mayor holgura sus necesidades materiales, les garantiza el libre y completo desarrollo y ejercicio de sus capacidades físicas y espirituales.[26]

Al posesionarse la sociedad de los medios de producción, cesa la producción de mercancías, y con ella el imperio del producto sobre los productores. La anarquía reinante en el seno de la producción social deja el puesto a una organización armónica, proporcional y consciente. Cesa la lucha por la existencia individual y con ello, en cierto sentido, el hombre sale definitivamente del reino animal y se sobrepone a las condiciones animales de existencia, para someterse a condiciones de vida verdaderamente humanas. Las condiciones de vida que rodean al hombre y que hasta ahora le dominaban, se colocan, a partir de este instante, bajo su dominio y su control, y el hombre, al convertirse en dueño y señor de sus propias relaciones sociales, se convierte por primera vez en señor consciente y efectivo de la naturaleza. Las leyes de su propia actividad social, que hasta ahora se alzaban frente al hombre como leyes naturales, como poderes extraños que lo sometían a su imperio, son aplicadas ahora por él con pleno conocimiento de causa y, por tanto, sometidas a su poderío. La propia existencia social del hombre, que hasta aquí se le enfrentaba como algo impuesto por la naturaleza y la historia, es a partir de ahora obra libre suya. Los poderes objetivos y extraños que hasta ahora venían imperando en la historia se colocan bajo el control del hombre mismo. Solo desde entonces, este comienza a trazarse su historia con plena conciencia de lo que hace. Y, solo desde entonces, las causas sociales puestas en acción por él, comienzan a producir predominantemente y cada vez en mayor medida los efectos apetecidos. Es el salto de la humanidad del reino de la necesidad al reino de la libertad.

Resumamos brevemente, para terminar, nuestra trayectoria de desarrollo:

I.– Sociedad medieval: Pequeña producción individual. Medios de producción adaptados al uso individual, y, por tanto, primitivos, torpes, mezquinos, de eficacia mínima. Producción para el consumo inmediato, ya del propio productor, ya de su señor feudal. Solo en los casos en que queda un remanente de productos, después de cubrir ese consumo, se ofrece en venta y se lanza al intercambio. Por tanto, la producción de mercancías está aún en sus albores, pero encierra ya, en germen, *la anarquía de la producción social*.

II.– Revolución capitalista: Transformación de la industria, iniciada por medio de la cooperación simple y de la manufactura. Concentración de los medios de producción, hasta entonces dispersos, en grandes talleres, con lo que se convierten de medios de producción individuales en medios de producción sociales, metamorfosis que no afecta, en general, a la forma del cambio. Quedan en pie las viejas formas de apropiación. Aparece el *capitalista*: en su calidad de propietario de los medios de producción, se apropia también de los productos y los convierte en mercancías. La producción se transforma en un acto social; el cambio y, con él, la apropiación siguen siendo actos individuales: *el producto social es apropiado por el capitalista individual*. Contradicción fundamental, de la que se derivan todas las contradicciones en que se mueve la sociedad actual y que pone de manifiesto claramente la gran industria.

A. El productor se separa de los medios de producción. El obrero se ve condenado a ser asalariado de por vida. *Antítesis de burguesía y proletariado*.

B. Relieve creciente y eficacia acentuada de las leyes que presiden la producción de mercancías. Competencia desenfrenada.

Contradicción entre la organización social dentro de cada fábrica y la anarquía social en la producción total.

C. De una parte, perfeccionamiento de la maquinaria, que la competencia convierte en imperativo para cada fabricante y que equivale a un desplazamiento cada vez mayor de obreros: *ejército industrial de reserva*. De otra parte, extensión ilimitada de la producción, que la competencia impone también como norma coactiva a todos los fabricantes. Por ambos lados, un desarrollo inaudito de las fuerzas productivas, exceso de la oferta sobre la demanda, superproducción, abarrotamiento de los mercados, crisis cada diez años, círculo vicioso: *superabundancia, aquí de medios de producción y de productos, y allá de obreros sin trabajo y sin medios de vida.* Pero estas dos palancas de la producción y del bienestar social no pueden combinarse porque la forma capitalista de la producción impide a las fuerzas productivas actuar y a los productos circular, a no ser que se conviertan previamente en capital, que es lo que precisamente les veda su propia superabundancia. La contradicción se exalta hasta convertirse en contrasentido: *el modo de producción se rebela contra la forma de cambio.* La burguesía se muestra incapaz para seguir rigiendo sus propias fuerzas sociales productivas.

D. Reconocimiento parcial del carácter social de las fuerzas productivas, arrancado a los propios capitalistas. Apropiación de los grandes organismos de producción y de transporte, primero *por sociedades anónimas*, luego por *trusts*, y más tarde por el *Estado*. La burguesía se revela como una clase superflua; todas sus funciones sociales son ejecutadas ahora por empleados a sueldo.

III.– Revolución proletaria, solución de las contradicciones: el proletariado toma el poder político, y, por medio de él, convierte en propiedad pública los medios sociales de producción, que se le escapan de las manos a la burguesía. Con este acto, redime los medios de producción de la condición de capital que hasta allí tenían y da a su carácter social plena libertad para imponerse. A partir de ahora es ya posible una producción social con arreglo a un plan trazado de antemano. El desarrollo de la producción convierte en un anacronismo la subsistencia de diversas clases sociales. A medida que desaparece la anarquía de la producción social languidece también la autoridad política del Estado. Los hombres, dueños por fin de su propia existencia social, se convierten en dueños de la naturaleza, en dueños de sí mismos, en hombres libres.

La realización de este acto que redimirá al mundo es la misión histórica del proletariado moderno. Y el socialismo científico, expresión teórica del movimiento proletario, es el llamado a investigar las condiciones históricas y, con ello, la naturaleza misma de este acto, infundiendo de este modo a la clase llamada a hacer esta revolución, a la clase hoy oprimida, la conciencia de las condiciones y de la naturaleza de su propia acción.

Notas

Prólogo a la edición inglesa de 1892

1. El trabajo de Engels *Del socialismo utópico al socialismo científico* consta de tres capítulos del *Anti Dühring* revisados por él con el fin especial de ofrecer a los obreros una exposición popular de la doctrina marxista como concepción íntegra. (*N. de la Red.*).

2. En el Congreso de Gotha, celebrado del 22 al 25 de mayo de 1875, se unieron las dos corrientes del movimiento obrero alemán: el Partido Obrero Socialdemócrata (los eisenachianos), dirigido por A. Bebel y W. Liebknecht, y la lassalleana Asociación General de Obreros Alemanes. El partido unificado adoptó la denominación de Partido Obrero Socialista de Alemania. Así se logró superar la escisión en las filas de la clase obrera alemana. El proyecto de programa del partido unificado, propuesto al Congreso de Gotha, pese a la dura crítica que habían hecho Marx y Engels, fue aprobado en el Congreso con insignificantes modificaciones. (*N. de la Red.*).

3. Bimetalismo: sistema monetario, en el que las funciones de dinero las cumplen simultáneamente dos metales monetarios: el oro y la plata. (*N. de la Red.*).

4. *Vorwärts* (*Adelante*): órgano central del Partido Obrero Socialista Alemán, se publicó en Leipzig desde el 1ro. de octubre de 1876 hasta el 27 de octubre de 1878. La obra de Engels *Anti Dühring* se publicó en el periódico desde el 3 de enero de 1877 hasta el 7 de julio de 1878. (*N. de la Red.*).

5. Véase Carlos Marx y Federico Engels: *Obras escogidas en tres tomos*, t. I, Editorial Progreso, Moscú, 1974. (*N. de la Red.*) (Primera nota de la edición de *Del socialismo utópico al socialismo científico*, publicada en el t. III

de las *Obras escogidas en tres tomos* de C. Marx y F. Engels, Editorial Progreso, Moscú, 1974. En lo adelante, todas las de su tipo aparecerán como notas de aquella traducción y redacción con la abreviatura *N. de la Red.* Las notas que no aparecen identificadas corresponden al autor).

6. En la presente edición no se inserta el trabajo de F. Engels «La Marca». (*N. de la Red.*).

7. Engels se refiere a los trabajos de M. Kovalevski: *Tableau des origines et de l'évolution de la famille et de la proprieté* (*Ensayo acerca del origen de la familia y la propiedad*), publicado en 1890 en Estocolmo, y *Pervobytnoye pravo* (*Derecho primitivo*) fascículo 1, La Gens, Moscú, 1886. (*N. de la Red.*).

8. En el estado de dimensión. (*N. de la Red.*).

9. Nominalistas: representantes de una tendencia de la filosofía medieval que consideraba que los conceptos generales genéricos eran nombres, engendrados por el pensamiento y el lenguaje humanos y no valían más que para designar objetos sueltos, existentes en realidad. En oposición a los realistas medievales, los nominalistas negaban la existencia de conceptos como prototipos y fuentes creadoras de las cosas. De este modo reconocían el carácter primario de la realidad y secundario del concepto. En este sentido, el nominalismo era la primera expresión del materialismo en la Edad Media. (*N. de la Red.*).

10. Homoiomerias: minúsculas partículas cualitativamente determinadas y divisibles infinitamente. Anaxágoras consideraba que las homoiomerias constituían la base inicial de todo lo existente y que sus combinaciones daban origen a la diversidad de las cosas. (*N. de la Red.*).

11. *Qual* es un juego de palabras filosófico. *Qual* significa, literalmente, tortura, dolor que incita a realizar una acción cualquiera. Al mismo tiempo, el místico Böhme transfiere a la palabra alemana algo del término latino *qualitas* (calidad). Su *Qual* era, por oposición al dolor producido exteriormente, un principio activo, nacido del desarrollo espontáneo de la cosa, de la relación o de la personalidad sometida a su influjo y que, a su vez, provocaba este desarrollo. (*N. de la Red.*)

12. Deísmo: doctrina filosófico-religiosa que reconoce a Dios como causa primera racional impersonal del mundo, pero niega su intervención en la vida de la naturaleza y la sociedad. (*N. de la Red.*).

13. K. Marx und F. Engels: *Die heilige Familie,* Frankfurt am M., 1845, S. 201-204. (C. Marx y F. Engels: *La Sagrada Familia,* Francfort del Meno, 1845, pp. 201-204.) (*N. de la Red.*).

14. Se alude a la primera exposición comercial e industrial mundial que se celebró en Londres de mayo a octubre de 1851. (*N. de la Red.*).

15. Ejército de Salvación: organización reaccionaria religioso-filantrópica fundada en 1865 en Inglaterra y reorganizada en 1880 adoptando el modelo militar (de ahí su denominación). Apoyada en medida considerable por la burguesía, esta organización fundó en muchos países una red de instituciones de beneficencia, con el fin de apartar a las masas trabajadoras de la lucha contra los explotadores. (*N. de la Red.*).

16. P. Laplace: *Traité de mécanique céleste* (*Tratado de mecánica celeste*), vols. I-V, París, 1799-1825. (*N. de la Red.*).

17. «No tenía necesidad de recurrir a esta hipótesis». (*N. de la Red.*).

18. «En el principio era la acción». Goethe: *Fausto*, parte I, escena III, [s. r]. (*N. de la Red.*).

19. «El pudin se prueba comiéndolo». (*N. de la Red.*).

20. La historiografía burguesa inglesa llama «revolución gloriosa» al golpe de Estado de 1688 con el que se derrocó en Inglaterra la dinastía de los Estuardo y se instauró la monarquía constitucional (1689) encabezada por Guillermo de Orange y basada en el compromiso entre la aristocracia terrateniente y la gran burguesía. (*N. de la Red.*).

21. La guerra de las Dos Rosas (1455-1485): guerra entre dos familias feudales inglesas que luchaban por el trono: los York, en cuyo escudo figuraba una rosa blanca, y los Lancaster, que tenían en el escudo una rosa roja. Alrededor de los York se agrupaba una parte de los grandes feudales del Sur (más desarrollado económicamente), los caballeros y los ciudadanos; los Lancaster eran apoyados por la aristocracia feudal de los condados del Norte. La guerra llevó casi al total exterminio de las antiguas familias feudales y concluyó al subir al trono la nueva dinastía de los Tudor que implantó el absolutismo en Inglaterra. (*N. de la Red.*).

22. Muchacho robusto, pero malicioso. (*N. de la Red.*).

23. Filosofía cartesiana: doctrina de los seguidores del filósofo francés del siglo XVII Descartes (en latín *Cartesius*), que dedujeron conclusiones materialistas de su filosofía. (*N. de la Red.*).

24. La *Declaración de los Derechos del Hombre y del Ciudadano* fue aprobada por la Asamblea Constituyente en 1789. Se proclamaban en ella los principios políticos del nuevo régimen burgués. La Declaración fue incluida en la Constitución francesa de 1791; sirvió de base a los jacobinos al redactar la *Declaración de los Derechos del Hombre* de 1793, que figuró como prefacio a la primera Constitución republicana de Francia adoptada por la Convención Nacional en 1793. (*N. de la Red.*).

25. Aquí y en adelante, Engels no entiende por *Código de Napoleón* únicamente el *Code civil* (*Código civil*) de Napoleón adoptado en 1804 y conocido con este nombre, sino, en el sentido lato de la palabra, todo

el sistema del Derecho burgués, representado por los cinco códigos (civil, civil-procesal, comercial, penal y penal-procesal) adoptados bajo Napoleón I en los años de 1804 a 1810. Dichos códigos fueron implantados en las regiones de Alemania occidental y sudoccidental conquistadas por la Francia de Napoleón y siguieron en vigor en la provincia del Rin incluso después de la anexión de esta a Prusia en 1815. (*N. de la Red.*).

26. «Se escribe Londres y se pronuncia Constantinopla». (*N. de la Red.*).

27. El proyecto de ley de la primera reforma electoral en Inglaterra fue llevado al Parlamento en marzo de 1831 y aprobado en junio de 1832. La reforma abrió las puertas al parlamento solo a los representantes de la burguesía industrial. El proletariado y la pequeña burguesía, que eran la fuerza principal en la lucha por la reforma, fueron engañados por la burguesía liberal y se quedaron, al igual que antes, sin derechos electorales. (*N. de la Red.*).

28. El *bill* de abolición de las leyes cerealistas fue aprobado en junio de 1846. Las llamadas leyes cerealistas, aprobadas con vistas a restringir o prohibir la importación de trigo del extranjero, fueron promulgadas en Inglaterra en beneficio de los grandes terratenientes (*landlords*). La aprobación del *bill* de 1846 fue un triunfo de la burguesía industrial, que luchaba contra las leyes cerealistas bajo la consigna de libertad de comercio. (*N. de la Red.*).

29. En 1824, el parlamento inglés, presionado por el movimiento obrero de masas, tuvo que promulgar un acto aboliendo la prohibición de las uniones obreras (las tradeuniones). (*N. de la Red.*).

30. La *Carta del Pueblo*, que contenía las exigencias de los cartistas, fue publicaba el 8 de mayo de 1838 como proyecto de ley a ser presentado en el Parlamento; la integraban seis puntos: derecho electoral universal (para los varones desde los 21 años de edad), elecciones anuales al Parlamento, votación secreta, igualdad de las circunscripciones electorales, abolición del requisito de propiedad para los candidatos a diputado al Parlamento, remuneración de los diputados. Las tres peticiones de los cartistas con la exigencia de la aprobación de la *Carta del Pueblo*, entregadas al parlamento, fueron rechazadas por este en 1839, 1842 y 1849. (*N. de la Red.*).

31. La Liga anticerealista: organización de la burguesía industrial inglesa, fundada en 1838 por los fabricantes Cobden y Bright, de Manchester. Al presentar la exigencia de la libertad completa de comercio, la Liga propugnaba la abolición de las leyes cerealistas con el fin de rebajar los salarios de los obreros y debilitar las posiciones económicas y políticas

de la aristocracia terrateniente. Después de la abolición de las leyes cerealistas (1846), la Liga dejó de existir. (*N. de la Red.*)

32. La manifestación de masas que los cartistas anunciaron para el 10 de abril de 1848 en Londres, con el fin de entregar al parlamento la petición sobre la aprobación de la Carta popular, fracasó debido a la indecisión y las vacilaciones de sus organizadores. El fracaso de la manifestación fue utilizado por las fuerzas de la reacción para arreciar la ofensiva contra los obreros y las represalias contra los cartistas. (*N. de la Red.*).

33. Se refiere al golpe de Estado organizado por Luis Bonaparte el 2 de diciembre de 1851, que dio comienzo al régimen bonapartista del Segundo Imperio. (*N. de la Red.*).

34. Hermano Jonathan: mote dado por los ingleses a los norteamericanos durante la guerra de las colonias norteamericanas de Inglaterra por la independencia (1775-1783).

35. Revivalismo: corriente de la Iglesia protestante surgida en Inglaterra en la primera mitad del siglo XVIII y propagada en Norteamérica; sus adeptos se valían de las prédicas religiosas y la organización de nuevas comunidades de creyentes para consolidar y ampliar la influencia de la religión cristiana. (*N. de la Red.*).

36. El Segundo Imperio de Napoleón III existió en Francia de 1852 a 1870, y la Tercera República, de 1870 a 1940. (*N. de la Red.*).

37. Y hasta en materia de negocios la fatuidad del chovinismo nacional es un mal consejo. Hasta hace muy poco, el fabricante inglés corriente consideraba denigrante para un inglés hablar otro idioma que no fuese el suyo propio y le enorgullecía en cierto modo que esos «pobres diablos» de los extranjeros se instalasen a vivir en Inglaterra, descargándole con ello del trabajo de vender sus productos en el extranjero. No advertía siquiera que estos extranjeros, alemanes en su mayor parte, se adueñaban de este modo de una gran parte del comercio exterior de Inglaterra —tanto del de importación como del de exportación— y que el comercio directo de los ingleses con el extranjero iba circunscribiéndose casi exclusivamente a las colonias, a China, a los Estados Unidos y a Sudamérica. Y tampoco advertía que estos alemanes comerciaban con otros alemanes del extranjero, que con el tiempo iban organizando una red completa de colonias comerciales por todo el mundo. Y cuando, hace unos 40 años, Alemania empezó seriamente a fabricar para la exportación, encontró en estas colonias comerciales alemanas un instrumento que le prestó maravillosos servicios en la empresa de transformarse, en tan poco tiempo, de un país exportador de cereales en un país industrial de primer orden. Por fin, hace unos 10 años, los

fabricantes ingleses empezaron a inquietarse y a preguntar a sus embajadores y cónsules cómo era que ya no podían retener a todos sus clientes. La respuesta unánime fue esta: Primero porque no os molestáis en aprender la lengua de vuestros clientes y exigís que ellos aprendan la vuestra, y segundo porque no intentáis siquiera satisfacer las necesidades, las costumbres y los gustos de vuestros clientes, sino que queréis que se atengan a los vuestros, a los de Inglaterra.

38. Educación de la clase media (*N. de la Red.*).

39. En 1867, en Inglaterra, bajo la influencia del movimiento obrero de masas, se llevó a cabo la segunda reforma parlamentaria. El Consejo General de la I Internacional tomó parte activa en el movimiento que reivindicaba esta reforma. Como resultado de ella, el número de electores en Inglaterra aumentó en más del doble y cierta parte de obreros calificados conquistó el derecho a votar. (*N. de la Red.*).

40. El household suffrage establecía el derecho de voto para todo el que viviese en casa independiente. (*N. de la Red.*).

41. Votación secreta. (*N. de la Red.*).

42. Socialismo de cátedra: corriente de la ideología burguesa de los años setenta-noventa del siglo XIX. Sus representantes, ante todo profesores de universidades alemanas, predicaban desde sus cátedras el reformismo burgués, tratando de presentarlo como socialismo. Afirmaban (entre otros A. Wagner, H. Schmoller, L. Brentano y W. Sombart) que el Estado era una institución situada por encima de las clases, podía reconciliar las clases enemigas e implantar gradualmente el «socialismo» sin afectar los intereses de los capitalistas. Su programa se reducía a la organización de los seguros de los obreros contra enfermedades y accidentes y a la aplicación de ciertas medidas en la esfera de la legislación fabril. Los socialistas de cátedra estimaban que, habiendo sindicatos bien organizados, no había necesidad de lucha política, ni de partido político de la clase obrera. El socialismo de cátedra constituyó una de las fuentes ideológicas del revisionismo. (*N. de la Red.*).

43. Ritualismo: corriente surgida en la Iglesia anglicana en los años treinta del siglo XIX, sus adeptos llamaban a la restauración de los ritos católicos (de ahí la denominación) y de ciertos dogmas del catolicismo en la Iglesia anglicana. (*N. de la Red.*).

44. Después de la fiesta, o sea, retardada. (*N. de la Red.*).

45. La fuerza de la inercia. (*N. de la Red.*).

46. Publicado por primera vez en el libro: *Frederick Engels. Socialism Utopian and Scientific*, London, 1892, y con algunas omisiones en la traducción alemana del autor en la revista *Die Neue Zeit*, Bd. 1, N. 1-2, 1892-1893.

Se publica de acuerdo con el texto de la edición inglesa, cotejado con el de la revista. Traducido del inglés. (*N. de la Red.*).

Del socialismo utópico al socialismo científico

1. He aquí el pasaje de Hegel referente a la Revolución Francesa: «La idea, el concepto de Derecho, se hizo valer *de golpe*, sin que pudiese oponerle ninguna resistencia la vieja armazón de la injusticia. Sobre la idea del Derecho se ha basado ahora, por tanto, una Constitución, y sobre ese fundamento debe basarse en adelante todo. Desde que el Sol alumbra en el firmamento y los planetas giran alrededor de él, nadie había visto que el hombre se alzase sobre la cabeza, es decir, sobre la idea, construyendo con arreglo a esta la realidad. Anaxágoras fue el primero que dijo que el *nus*, la razón, gobierna el mundo: pero solo ahora el hombre ha acabado de comprender que el pensamiento debe gobernar la realidad espiritual. Era, pues, *una espléndida aurora. Todos los seres pensantes celebraron esta nueva época. Una sublime emoción* reinaba en aquella época, *un entusiasmo del espíritu estremecía el mundo*, como si por vez primera se lograse la reconciliación del mundo con la divinidad». Hegel: *Philosophie der Geschichte*, 1840, S. 535 (Hegel, *Filosofía de la Historia*, 1840, p. 535). ¿No habrá llegado la hora de aplicar la ley contra los socialistas a estas doctrinas subversivas y atentatorias contra la sociedad, del difunto profesor Hegel?

    La Ley de excepción contra los socialistas fue promulgada en Alemania el 21 de octubre de 1878. En virtud de esta ley fueron prohibidas todas las organizaciones del Partido Socialdemócrata y las organizaciones obreras de masas; fue asimismo suspendida la prensa obrera, confiscadas las publicaciones socialistas y represaliados los socialdemócratas. Bajo la presión del movimiento obrero de masas, la ley fue derogada el 1ro. de octubre de 1890. (*N. de la Red.*).

2. Anabaptistas (rebautizados). Los miembros de esta secta se denominaban así porque reivindicaban un segundo bautismo a la edad consciente. (*N. de la Red.*).

3. Se trata de los «verdaderos levellers» o de los llamados «diggers», representantes de los intereses de los pobres de la ciudad y del campo en el período de la revolución burguesa inglesa del siglo XVII. (*N. de la Red.*).

4. Engels se refiere, ante todo, a las obras de los representantes del comunismo utópico: *Utopía*, de Thomas Moro, y *Ciudad del Sol*, de Tommaso Campanella. (*N. de la Red.*).

5. Época del terror: período de la dictadura democrático-revolucionaria de los jacobinos de junio de 1793 a julio de 1794. (*N. de la Red.*)

6. El Directorio constaba de cinco miembros, uno de los cuales se elegía cada año. Era el órgano dirigente del poder ejecutivo de Francia en el período de 1795 a 1799. Apoyaba el régimen de terror contra las fuerzas democráticas y defendía los intereses de la gran burguesía. (*N. de la Red.*).

7. Se refiere a la divisa de la revolución burguesa francesa de fines del siglo XVIII: «Libertad. Igualdad. Fraternidad». (*N. de la Red.*)

8. New Lanark: fábrica de hilados de algodón cerca de la ciudad escocesa de Lanark. Fue fundada en 1784, con un pequeño poblado anejo. (*N. de la Red.*).

9. El 31 de marzo de 1814. (*N. de la Red.*).

10. Los Cien Días: breve período de la restauración del Imperio de Napoleón I que duró desde el momento de su regreso del destierro en la isla de Elba a París, el 20 de marzo de 1815, hasta su segunda abdicación, el 22 de junio del mismo año. (*N. de la Red.*).

11. El 18 de junio de 1815, el ejército de Napoleón I fue derrotado en la batalla de Waterloo (Bélgica) por las tropas anglo-holandesas acaudilladas por Wellington y el ejército prusiano de Blücher. (*N. de la Red.*).

12. De *The Revolution in Mind and Practice* (*La revolución en el espíritu y en la práctica*), un memorial dirigido a todos «los republicanos rojos, comunistas y socialistas de Europa» y enviado al gobierno provisional francés de 1848, así como «a la reina Victoria y a sus consejeros responsables».

13. En octubre de 1833, en Londres, bajo la presidencia de Owen, se celebró el Congreso de las sociedades cooperativas y los sindicatos en el que fue fundada formalmente la Gran Unión Consolidada Nacional de las producciones de Gran Bretaña e Irlanda. Al tropezar con una gran resistencia por parte de la sociedad burguesa y del Estado, la Unión se desmoronó en agosto de 1834. (*N. de la Red.*).

14. Proudhon hizo un intento de organizar un banco de intercambio durante la revolución de 1848-1849. Su *Banque du peuple* (Banco del pueblo) fue fundado en París el 31 de enero de 1849 y existió cerca de dos meses, quebrando antes de comenzar a funcionar. A principios de abril el banco fue clausurado. (*N. de la Red.*).

15. Se refiere al período comprendido entre el siglo III *a.n.e.* y el siglo VII *d.n.e.*, que debe su denominación a la ciudad egipcia de Alejandría (a orillas del mar Mediterráneo), uno de los centros más importantes de las relaciones económicas internacionales de aquella época. En el período alejandrino adquirieron gran desarrollo varias ciencias: las

matemáticas, la mecánica (Euclides y Arquímedes), la geografía, la astronomía, la anatomía, la fisiología, etcétera. (*N. de la Red.*).

16. *Biblia.* Evangelio de Mateo, cap. 5, verso 37. (*N. de la Red.*).

17. Goethe: *Fausto*, parte I, escena IV (*Despacho de Fausto*). (*N. de la Red.*).

18. No necesitamos explicar que, aun cuando la *forma* de apropiación permanezca invariable, el *carácter* de la apropiación sufre una revolución por el proceso que describimos, en no menor grado que la producción misma. La apropiación de un producto propio y la apropiación de un producto ajeno son, evidentemente, dos formas muy distintas de apropiación. Y advertimos de pasada, que el trabajo asalariado, que contiene ya el germen de todo el modo capitalista de producción, es muy antiguo; coexistió durante siglos enteros, en casos aislados y dispersos, con la esclavitud. Sin embargo, este germen solo pudo desarrollarse hasta formar el modo capitalista de producción cuando se dieron las premisas históricas adecuadas.

19. Véase el apéndice al final. [Engels se refiere aquí a su trabajo «La Marca» que no figura en la presente edición. (*N. de la Red.*)].

20. Se refiere al trabajo *La situación de la clase obrera en Inglaterra*. (*N. de la Red.*).

21. Véase C. Marx: *El capital*, tomo I. (*N. de la Red.*).

22. Ídem.

23. Carrera de obstáculos. (*N. de la Red.*).

24. Y digo que *tiene* que hacerse cargo, pues, la nacionalización solo representará un progreso económico, un paso de avance hacia la conquista por la sociedad de todas las fuerzas productivas, aunque esta medida sea llevada a cabo por el Estado actual, cuando los medios de producción o de transporte se desborden ya *realmente* de los cauces directivos de una sociedad anónima, cuando, por tanto, la medida de la nacionalización sea ya *económicamente* inevitable. Pero recientemente, desde que Bismarck emprendió el camino de la nacionalización, ha surgido una especie de falso socialismo, que degenera alguna que otra vez en un tipo especial de socialismo, sumiso y servil, que en *todo* acto de nacionalización, hasta en los dictados por Bismarck, ve una medida socialista. Si la nacionalización de la industria del tabaco fuese socialismo, habría que incluir entre los fundadores del socialismo a Napoleón y a Metternich. Cuando el Estado belga, por razones políticas y financieras perfectamente vulgares, decidió construir por su cuenta las principales líneas férreas del país, o cuando Bismarck, sin que ninguna necesidad económica le impulsase a ello, nacionalizó las líneas más importantes de la red ferroviaria de Prusia, pura y simplemente para así poder

manejarlas y aprovecharlas mejor en caso de guerra, para convertir al personal de ferrocarriles en ganado electoral sumiso al gobierno y, sobre todo, para procurarse una nueva fuente de ingresos sustraída a la fiscalización del Parlamento, todas estas medidas no tenían, ni directa ni indirectamente, ni consciente ni inconscientemente nada de socialistas. De otro modo, habría que clasificar también entre las instituciones socialistas a la Real Compañía de Comercio Marítimo [Seehandlung (Comercio Marítimo): sociedad de crédito comercial fundada en 1772 en Prusia. Gozaba de importantes privilegios estatales y concedía grandes créditos al gobierno], la Real Manufactura de Porcelanas, y hasta los sastres de compañía del ejército, sin olvidar la nacionalización de los prostíbulos propuesta muy en serio, allá por el año 30 y tantos, bajo Federico Guillermo III, por un hombre muy listo.

25. Véanse C. Marx: *Crítica al Programa de Gotha* y F. Engels: «Carta a Bebel», en C. Marx y F. Engels: *Obras Escogidas en tres tomos*, editorial Progreso, Moscú, 1974. *(N. de la Red.).*

26. Unas cuantas cifras darán al lector una noción aproximada de la enorme fuerza expansiva que, aun bajo la opresión capitalista, desarrollan los modernos medios de producción. Según los cálculos de Giffen, la riqueza global de la Gran Bretaña e Irlanda ascendía, en números redondos, a:

1814   dos mil 200 millones de libras esterlinas =   44 mil millones de marcos

1865   seis mil 100 millones de libras esterlinas = 122 mil millones de marcos

1875   ocho mil 500 millones de libras esterlinas = 170 mil millones de marcos

Para dar una idea de lo que representa el despilfarro de medios de producción y de productos malogrados durante las crisis, diré que en el segundo Congreso de los industriales alemanes, celebrado en Berlín el 21 de febrero de 1878, se calculó en 455 millones de marcos las pérdidas globales que supuso el último crac, solamente para *la industria siderúrgica alemana. (N. de la Red.).*

FEDERICO ENGELS nace el 28 de noviembre de 1820 en Barmen, Alemania. Inicia en París en 1844 una cercana amistad, que duraría durante toda su vida, con Carlos Marx, a quien había conocido anteriormente en Colonia. En 1845 escribe *La situación de la clase obrera en Inglaterra*, considerada la primera obra del socialismo científico, en ese mismo año, en colaboración con Carlos Marx, escribe *La sagrada familia* y *La ideología alemana*, texto que sienta premisas teóricas claves del materialismo histórico. Participa en la Revolución alemana de 1848 y elabora *El credo comunista* considerado el borrador del *Manifiesto comunista* escrito en colaboración con Marx en el propio año. Otras de sus más importantes obras son: *El origen de la familia, la propiedad privada y el Estado* (1884), *Ludwig Feuerbach y el fin de la filosofía clásica alemana* (1886) y *Del socialismo utópico al socialismo científico* (1892). Engels publica póstumamente, a partir de notas y borradores, los volúmenes segundo y tercero de la principal obra de Marx, *El capital*. El 5 de agosto de 1895 fallece Federico Engels, el amigo y colaborador de Marx durante cuarenta años.

www.ingramcontent.com/pod-product-compliance
Lightning Source LLC
Chambersburg PA
CBHW021150090426
42740CB00008B/1023